平凡社新書
984

解剖 日本維新の会

大阪発「新型政党」の軌跡

塩田潮
SHIOTA USHIO

HEIBONSHA

解剖　日本維新の会●目次

はじめに

ポスト都構想の「日本大改革プラン」

「自民党政権には明らかに緩み、たるみ、おごりが見られる。一方、野党は政治信条などを横に置いて数合わせをしている。選挙のためにまとまる野合では、自民党と対峙できない。われわれは政策で勝負し、政権をピリッとさせる役割を担う」

日本維新の会の松井一郎代表（大阪市長。前大阪府知事）が党大会で表明した。

菅義偉首相が訪米してアメリカのジョー・バイデン大統領と初の日米首脳会談を行った二〇二一（令和三）年四月十七日、日本維新の会が大阪市内で党大会を開いた。二〇年は新型コロナウイルスの襲来で開催を見送ったため、二年ぶりの党大会であった。二一年大会は党役員が会場に集まり、地方議員とはオンラインで結ぶ方式を採用した。

維新の結党は、前身の地域政党の大阪維新の会が旗揚げした一〇年四月十九日だった。

代表として党を率いたのは、その一年半前の〇八年二月から大阪府知事を務める橋下徹（弁護士。後に大阪市長）である。

就任後、改革構想力、情報発信力、突破力と実行力で「橋下ブーム」を生み出した。典型的なポピュリズムという批判も少なくなかったが、維新は全国的な「橋下人気」を武器に急成長を遂げた。

一一年十一月、橋下と松井が同日選挙の大阪市長選挙と大阪府知事選挙を制する。維新は大阪で府と市の両方の行政を握った。日本維新の会（旧）を名乗って初めて国政選挙に挑んだ一二年十二月の衆議院議員総選挙では五四議席を獲得して野党第二党に躍り出た。

だが、党の「一丁目一番地」と位置づける大阪都構想の住民投票でつまずいた。一五年五月に僅差で否決となる。七カ月後の十二月に大看板の橋下が政界引退を実行した。

その後、約三年、迷走と停滞が続いたが、一八年十一月、維新が旗を振る国際博覧会（二〇二五年大阪・関西万博）の誘致成功で息を吹き返した。一九年四月の統一地方選挙で、大阪府知事と大阪市長が入れ替わる「ダブル・クロス選挙」を仕掛け、吉村洋文（前大阪市長。現日本維新の会副代表）の府知事当選と、松井の大阪市長当選を達成した。

それでも、都構想の壁は高かった。新型コロナウイルスの襲来後、未終息で対応に追われていた二〇年十一月、住民投票に再挑戦したが、今度も否決・廃案となった。これで維新も命運が尽きたと見た人は多かった。

ところが、都構想挑戦が敗戦で幕となった後も、何とか生き延びて二一年四月の党大会にこぎ着けた。松井はポスト都構想の基本方針として、大幅減税、社会保障改革、成長戦略を三本柱とする「日本大改革プラン」を打ち出して最低所得保障制度（ベーシックインカム）の導入を明言する一方、大会後の記者会見で「野党第一党を目指す」と表明した。

地域発の異色政党

戦後の政党政治の軌跡を振り返ると、自由民主党の結党と左右両派の社会党の統一が実現した一九五五（昭和三十）年以後、昭和時代が終わる八九年一月まで、国会で議席を保持していた政党は、自民党、日本社会党、公明党、民社党、日本共産党、社会民主連合、第二院クラブ、サラリーマン新党、新政クラブ、税金党、進歩党の一一党であった。

平成時代以降は新党の結成が相次ぐ。ここまでの三三年間で実に六〇以上の新党が生まれた五十音順に列挙する。

維新の党、ＮＨＫから国民を守る党（党名変更後の党は省略）、おおさか維新の会、改革クラブ、改革結集の会、希望の党、減税日本、減税日本・反ＴＰＰ・脱原発を実現する党、高志会、公明、公明新党、国民新党、国民党、国民の声、国民の生活が第一、国民民主党、護憲新党あかつき、次世代の党、市民リーグ、社会保障を立て直す国民会議、社会民主党、自由党、自由連合、新社会党、新進党、新生党、新党改革、新党きづな、新党護憲リベラル、新党さきがけ、新党大地、新党日本、新党平和、新党みらい、新党友愛、スポーツ平和党、生活の党、太陽党、太陽の党、たちあがれ日本、日本維新の会、日本新党、日本創新党、日本のこころ、日本のこころを大切にする党、日本未来の党、日本を元気にする会、フロム・ファイブ、平和・市民、保守新党、保守党、みどりの会議、みどりの風、民主改革連合、民主党、民進党、民政党、みんなの党、無所属の会、結いの党、立憲民主党、黎明クラブ、れいわ新選組、連合の会など。

多数の新党が誕生したが、大部分は短期間で消滅・解党の道をたどった。存続しているのは、立憲民主党（二〇一七年結党）、国民民主党（一八年結党）、日本維新の会（前身は一〇年結党）など数党である。その中で、維新は浮沈を繰り返しながら、一一年以上も生き延びてきた。

加えて、出発が地域政党という点も異色である。沖縄社会大衆党など、一九七二年の本土復帰の前から存在する沖縄の政党や、鈴木宗男（元北海道・沖縄開発庁長官。現在は維新所属の参議院議員）が代表を務めてきた北海道の新党大地（二〇〇五年結党）を含め、長期にわたって地域政治と国政の双方にそれなりの影響力を発揮し続けているのは維新だけだ。

国会での維新の議席数は、二一年八月十日の時点で、衆議院が野党第三党の一一、参議院は野党第二党の一五である。国政選挙の獲得議席は衆院選が五四（一二年）、四一（一四年）、一一（一七年）、参議院議員選挙は八（一三年）、七（一六年）、一〇（一九年）であった（二六一頁の「衆参選挙の結果」参照）。二一年秋の衆院選で、国政進出決定後、七回目の国政選挙を迎える。

大躍進へのグランドデザインは

一方、国民の維新への支持の度合いを時事通信の世論調査の政党支持率で見ると、国政初進出となった一二年総選挙の直後の一三年一月の調査では四・六パーセントで、自民党の二四・二パーセント、民主党の五・三パーセントに次ぐ高支持率であった。だが、一回目の都構想の住民投票で敗北した後の一五年六月は一・五パーセントと低迷する。万博誘致に成功した翌月の一八年十二月も〇・八パーセントで、浮上の気配は見えなかった。

その後、コロナ襲来で、吉村府知事の対応が全国的に注目を集めた二〇年五月に七・七パーセントの高支持率を記録した。といっても、一時的現象に終わり、二回目の都構想の住民投票が否決となった十一月には一・七パーセントに下落した。

二一年八月の調査では、二・〇パーセントだった。自民党の二三・七パーセントには遠く及ばないが、立憲民主党の三・九パーセントの約半分である。

大阪で一一年十二月以来、約一〇年にわたって、大阪府と大阪市の行政を担い続け、地域政党として定着するパワーを保持しているのは疑いない。他方、維新の実力は、それ以上でも、それ以下でもない、という評も多い。

地域政党にとどまらず、国政進出を果たしたものの、最初の一二年衆院選をピークに、獲得議席数も比例代表選挙での総得票も一進一退の連続、と見ることもできる。「全国政党」への厚い壁が突破できないだけでなく、大阪都構想挑戦の敗戦の後、政党としての存在意義が問われる状況で、党存立の危機と背中合わせ、という分析も少なくない。

とはいえ、地域政党からスタートし、国会でも議席を維持しながら、風雪に耐えてきた維新の政党としての生命力は無視できない。大阪の府民や市民の多くが維新を支持し続ける理由は何か。一方で、「全国政党」の壁を打ち破れずに苦戦する原因はどこにあるか。

にもかかわらず、二一年四月の党大会で、松井は自民党・公明党連合軍と競争・競合しうる「野党第一党に」と公言した。維新大躍進プランを実現するためのグランドデザインとシナリオ、工程表、牽引力となる指導者の人材などの諸課題をどうやって乗り越えるのだろうか。政党・維新の虚実を検証し、維新政治の解剖を試みた。

第1章　「維新」発足前夜

無党派知事・横山ノック

一九九五（平成七）年四月九日、初めて大阪に「タレント知事」が誕生した。

どの政党の支援も受けない野党系の純粋無所属の横山ノックが、自民党、新進党、社会党、さきがけ、公明（後の公明党）が推薦する大蔵省（現財務省）出身の平野拓也（元科学技術庁事務次官）を約一六三万票対約一一五万票で破って大阪府知事に当選した。漫才出身の元芸人で、直前まで参議院議員だった。

同じ日、東京都知事選挙も実施され、無党派の青島幸男（作家・作詞家・タレント。元参議院議員）が一位となる。「東京と大阪で無党派知事誕生」と話題になった。

大阪では、自民党は当初、現職の中川和雄知事の再選を期する計画だったが、後援会の会計責任者の政治資金規正法違反が発覚し、選挙直前の二月に不出馬に追い込まれた。中川府政の与党だった自民、新進、公明、社会の各党は、共産党を除く総与党体制継続で一致したが、候補決定に手間取る。平野擁立が決まったのは選挙告示の直前だった。

参議院議員四期のベテランとはいえ、大阪府民は、府政に素人の芸人政治家を、なぜ知事に選んだのか。大阪人特有の「面白がる文化」も原因の一つだった。他方、岸昌、中川の両知事の二代一六年にわたる「非共産・全党寄り合い体制」の失政と無策に対する府民の不満も大きく影響した。

岸、中川は共に副知事出身の知事だった。その時代、大阪府政は「非共産・全党寄り合い体制」の下で、政・官・財がもたれ合い、挙げ句の果てに、八〇年代後半以後のバブル期の放漫支出などで、バブル崩壊後に財政が悪化した。多くの府民は、行政には未経験ながら、しがらみのない無党派のノックに賭けてみるか、という気になったようだ。

大阪府の財政は、バブルがピークだった八九年度以降の実質収支（歳入総額から歳出総額と翌年度へ繰り越すべき財源を引いた額）で見ると、ノックが登場する九五年度までずっと黒字だった。黒字額は毎年、減少する。ついに九八年度から赤字に転落し、マイナス一〇二億円を記録した。

府の税収（府が実際に使える実質収入）も、九〇年度の一兆三五一〇億円をピークに下がり続け、ノック登場の前年の九四年度は一兆〇一七八億円まで下落した。

大阪府は現行の地方交付税制度が創設された五四年度から九二年度まで、二度の石油ショックの影響を受けた七七〜八四年度を除いて、ずっと地方交付税交付金の不交付団体だったが、九三年に交付団体に転じた。

九六年、バブル期に大阪府が事業費約一一五〇億円を投じた泉佐野コスモポリスの破綻が表面化した。九六年度、大阪府の実質収支の黒字額が三四億円まで減少した。それを見て、九七年九月、大阪府議会が財政再建計画の策定を要望する決議を行った。

府政の最大の懸案は財政赤字だったが、知事のノックは最初、財政悪化には必ずしも敏感ではなかった。だが、府議会の決議を受けて、すぐに財政再建プログラムの試案作りを指示した。九八年三月の府議会で、知事をトップとする財政再建本部を四月一日から府庁に設置すると表明した。

知事直轄で府庁内に設置した財政改革プロジェクトチームが九月に財政再建プログラム(案)を取りまとめた。ノックは進んでこの改革案を大々的にアピールする作戦を実行した。街頭に立ち、テレビにもどんどん出演して行財政改革を叫び続けた。タレント知事の出番到来で、本領発揮の場面である。

知事就任後の約三年、人気だけが頼りの「政策不在の素人知事」という悪評も少なくなかったが、行政改革と財政再建を主導する「改革派知事」へ、イメージチェンジに挑む。看板の塗り替えに成功した。「大阪で最初に行財政改革を唱えた知事」として歴史に名前を残すことになる。ノック人気はさらに高まった。

「自公体制」で太田房江擁立

九九年四月、ノックは二期目の知事選挙を迎える。共産党を除き、各党とも対立候補も立てられない状況となった。選挙では全投票の六八パーセント超の約二三五万票を獲得する。悠々と再選を果たした。ノックの芸能・政治人生の絶頂期であった。

ところが、選挙中の強制わいせつ行為が選挙後に露見した。十二月、大阪地方検察庁が在宅起訴する。ノックは翌日、知事を辞任した。

次の知事選は二〇〇〇年二月六日に実施された。

一〇ヵ月前の知事選でノックの高人気に負けて不戦敗に甘んじた自民党は、党本部主導で候補擁立を図った。時の政権は小渕恵三内閣だった。

自民党は九六年の衆院選で単独過半数を確保したものの、九八年七月の参院選では敗北を喫し、過半数を二二議席も割り込んだ。「衆参ねじれ」の弱体政権の小渕内閣は、政権安定を狙う。内閣官房長官に就任した野中広務（後に自民党幹事長）が中心となり、すぐに一部野党の抱き込みによる連立工作に着手した。

野中は公明党の草川昭三副代表、冬柴鐵三幹事長（後に国土交通相）らに接触する。しばらくして協議は決着した。一方で、八月下旬、自由党党首だった小沢一郎（後に民主党代表）に会った。「今まで非常に不都合なことがあったけど、国家的危機だから、ご理解を」と頭を下げた。

野中と小沢の密談が出発点となり、九九年一月の内閣改造で、まず自自連立が成立した。

次に小沢自由党を間に挟む形で、十月五日に公明党が連立政権に参加した。現在まで約二二年にわたる「自公体制」がここからスタートした。

自公路線を作り上げた野中は九九年十月に自民党幹事長代理に転じた。直後にノック辞任と後継知事選出という場面に遭遇した。党本部の選挙の総元締めのポストに就いた野中は、突然、訪れた大阪府知事選でも、新発足の「自公体制」を最優先に、党本部主導で臨む方針を固めた。

二〇〇〇年二月の府知事選には、自民党、民主党、公明党、自由党、改革クラブが推す太田房江（現参議院議員）、共産党推薦の鰺坂真《あじさかまこと》（元関西大学名誉教授）、元大阪青年会議所理事長で学校法人清風学園専務理事だった平岡龍人（現清風情報工科学院理事長）ら四人が立候補した。

通商産業省（現経済産業省）出身の太田は、岡山県副知事の後、古巣に復帰して大臣官房審議官だったとき、大阪府知事選に担ぎ出された。当選すれば、日本初の女性知事の誕生である。太田がその場面を振り返った。

「公明党の側が、創価学会の池田大作会長も含め、クリーン・イメージがある女性がいいのでは、という意向で、副知事の経験があった私が網にかかったのです。創価学会は当時、『二一世紀は女性の時代』を標榜していました。公明党は『女性を』と言うけど、野中さんは候補が見つからず、親しくしていた通産省の広瀬勝貞事務次官に相談した。私は過去に通産省で三回、お仕えしたことがある広瀬さんから、九九年十二月に『こういう話があるけど、どうだ』と言われました。創価学会とのつながりについていろいろ書かれましたが、私も家族も全く関係はありませんでした」

広瀬は後の大分県知事である。

党本部と大阪府連の対立

自民党本部主導の太田擁立構想が大阪に伝わったのは、ノック辞任の一週間後の九九年十二月二十九日であった。寝耳に水の自民党大阪府支部連合会は大騒動となった。

自民党府議会議員団の実力者だった松室猛（二〇〇三年まで七期連続当選。元府議会議長）が、自身の講演録を基にしたウェブ記事「歴代知事選からみた、大阪の推移」で、寝耳に水の太田擁立情報に接した自民党大阪府連の困惑と右往左往ぶりを回想している。

「まさに青天の霹靂《へきれき》で、太田房江氏が何者かも判らなければ事前に何の相談も無かったので、それこそ蜂の巣を突っついたような騒ぎになった。当時の府連会長は中馬弘毅《ちゅうまこうき》氏だったが府議団には何の連絡もなかった。（中略）中馬府連会長を呼び出し急遽議員団会議を招集し議論をしたが、理不尽な決め方は承服できない、府連会長として責任を取る意味も含めて中馬氏自身が立候補すべきだということになった。彼はこの時、紅潮した顔で『大変名誉に思う』とコメントし一件落着かと思われた」

自民党大阪府連会長は衆議院議員の中馬弘毅（後に内閣府特命担当相）だった。

三日後の二〇〇〇年一月一日、元日にもかかわらず、自民党の大阪府連と府議団の幹事長が上京し、当時の森喜朗幹事長（後に首相）の来阪を党本部に要請した。党本部は幹事長代理の野中と総務局長の鈴木宗男の大阪派遣を決めた。

三日、大阪駅前のホテル「ヒルトン大阪」で、野中、鈴木を囲んで、大阪府連の緊急拡大役員会が開催された。野中は「党本部の決定」と太田擁立で譲らず、「反対」の大阪府連と党本部の対立が鮮明となる。話し合いは決裂した。

府連会長の中馬は数日後、松室に電話で「総理が立候補すべきでないと言っているので出馬しない」と通告した。太田擁立を認めない府連は、中馬会長の不出馬通告を受け、独自候補の擁立を模索し始めた。

「清風の平岡が出馬に意欲的」という情報が伝わる。一月九日、府連の幹部が清風学園に出向き、平岡と交渉した。前掲の松室のウェブ記事によれば、舞台裏はこんな動きだったようだ。

平岡は「自民党が推薦してくれるのなら出馬しても良い」と前向きの姿勢を示した。党所属の国会議員は、その晩に開かれた府連の会合で態度を明確にしない。それを見て、落選中だった元府連会長の塩川正十郎（後に財務相）が一言、府連幹部に向かって、「我々は太田を推すが、君らは平岡でやればいいじゃないか。あまり硬く考えずにファジーに行こうよ」と口にしたという。

自民党分裂の知事選挙

平岡は府知事選出馬を決めた。記憶をたどり、決断に至った経緯と事情を語った。

「府知事選に、と声をかけてくれたのは作家の堺屋太一さんでした。一九七三年に著書をたくさん読んで影響を受け、清風学園の教職員の会に講師としてお呼びしたのがつきあいの始まりです。その後、八〇年の大阪青年会議所理事長時代に青年会議所の世界会議を大阪で開催したとき、いろいろと応援していただいた。私は、東京一極集中と官僚主導の資本主義をやめるために大阪を変えなあかん、と考えていました。それを知っていて、堺屋先生が『知事選に出ろ』と言ってきたんです」

最初に堺屋から電話が入ったのは、阪神・淡路大震災の二日前の九五年一月十五日だった。そこでノック初当選となった九五年四月の府知事選への出馬を持ちかけられた。平岡が続ける。

「『準備ができていない』と言って断ったのですが、電話で二時間、口説かれた。そのときは出なかったが、五年後、ノック知事辞任で、堺屋先生からもう一度、『知事選に』と言われた。出ろ出ろの一点張りで、強引でしたよ」

自民党大阪府連は一月十日、緊急選対会議を開いて平岡推薦を決める。党本部と大阪府連が別々の候補を担ぐ自民党分裂選挙となった。

平岡出馬の立役者の堺屋はそのとき、小渕内閣の経済企画庁長官だった。政権内で府知事選をめぐる「野中と堺屋の綱引き」に注目する人もいた。

堺屋は表向き平岡支援の行動は取らなかった。だが、平岡は「もちろん裏ではいろいろと。それから塩川さんも応援してくれました」と明かした。

ポスト・ノックの府知事選は太田が圧勝した。自民党本部と民主党、公明党などが推薦し、関西経済連合会、連合（日本労働組合総連合会）大阪、創価学会が支援した太田は約一三八万票を獲得する。約一〇二万票の共産党推薦の鯵坂、約五七万票の自民党大阪府連推薦の平岡を破った。自民党は五年ぶりに府政を奪還した。

選挙では公明党・創価学会グループの肩入れが目立った。一年七カ月前の九八年七月の参院選で、公明党の公認候補は大阪選挙区で約八七万票を獲得した。この固い組織票が太田に流れた。それが当選の決め手となったのは疑いなかった。

自民党分裂となった二〇〇〇年二月の大阪府知事選が、後に大阪維新の会や日本維新の会などの結党につながる「維新政治」の出発点であった。

「完敗でしたが、今の維新にいる人たちがほんまに燃えてやってくれはりました。大阪府連は、地域の意思を無視して中央の方針を押しつけてくるやり方にはノー、と反発したんです」

敗れた平岡が吐露した。

当時、自民党の一年生の府議会議員だった浅田均（現日本維新の会政務調査会長。参議院議員）も、党本部に反発した大阪府連のメンバーの一人だった。

府連の会合に出席した官房長官の青木幹雄に異議を唱える。浅田が打ち明けた。

「党本部は一九九九年十一月の大阪市長選挙で現職の磯村隆文市長を担ぎ、府知事選では太田候補を推薦した。大阪の将来構想のビジョンが全然違うのに、党本部は両方を推薦した。『これはおかしい』と言ったら、青木さんは『地域の課題は地域で解決を』という返事でした」

太田は大都市制度のあり方について、太田は大阪府と大阪市の一元化を目指す「大阪新都構想」をイメージしていたのに対して、九五年十二月から大阪市長の座にある磯村は豊中市、吹田市などの周辺都市まで市域を拡張して大阪市の権限を強化する「スーパー指定都市」

を掲げた。両者の方向は反対だった。

浅田均の原点

浅田は一九五〇（昭和二十五）年十二月、大阪市城東区で生まれた。父・浅田貢は、洗濯用ののりを製造する町工場の経営主だった。浅田貢は民社党の創立者だった西尾末広（元官房長官）と政治活動を共にし、後に大阪府議となった。

次男坊だった浅田均は、大阪市立今福小、放出中、府立大手前高を経て、京都大学文学部哲学科に進んだ。浅田が自身の発想の原点を語った。

「中学生くらいから、世の中は不思議なことだらけで、世界はどうなっているのかと思った。疑問を解決する糸口が哲学、という結論に至った。京大の哲学科は、みんな八年おらなあかんと思っているようなところで、僕は七年いた。学んだのは問い詰めること。自分で納得するまで問い詰めて、結論を得るまで考え続けるという思考のトレーニングが身についた」

「不思議な世界」を知るにはマスメディアと思い、NHKに入った。京都支局、東京の放送文化研究所に勤務する。留学の機会を手にした。一年の約束で、アメリカ西海岸の名門のスタンフォード大学で学んだ。

その後、NHKを退職した。日本で通訳や翻訳などの仕事をした後、再度、留学する。計三年をスタンフォード大で送った。

「京大では一日に三冊の読書をノルマにしていたが、アメリカではそれ以上で、その三倍、勉強しないとついていけなかった」

浅田は自ら振り返った。

留学の末期、外務省の友人から声がかかった。

「郵政省（現総務省）の出向で、通信・放送・メディアの部門の専門調査員としてパリに行かないか」

誘いを受けて、浅田は飛びつく。九一年、四〇歳で渡仏した。外務省の所属の専門調査員で、日本大使館内のOECD（経済協力開発機構）日本政府代表部に勤めた。

後にOECDの職員に転じる。迎え入れた代表部で総務参事官だった美根慶樹（元ユーゴスラビア大使。現平和外交研究所代表）が回想した。

「冷静でお祭り嫌い。じっとものを見ている感じ。政治家のイメージとはかけ離れた存在でした」

浅田はOECDでは通信コストの低減となるコンピュータの新しいモデルや制度を東欧の国々に売り込む仕事などを担当した。「まるで政治家タイプではない自分が政治の道に進むなんて、夢にも思っていなかった」と明かした。

ところが、府議だった大阪の父親から連絡が入る。

「将来は大学で、と思っていたら、府議の父が突然、電話で『喉頭がんになった。長年、支援してくれた人たちの面倒を見る人がいない。後をやってくれ』と言ってきた」

浅田は思い出を述べる。だが、すぐには帰国しなかった。父・貢はがんを抱えたまま、次の府議会議員選挙も勝ち抜いた。

浅田が目の当たりにした「大阪の衰退」

貢は西尾に従って社会党、民社党と移り、九四年の民社党解党の後、自民党に移った。民社党時代に盟友だった元衆議院議員の岡沢完治の元秘書で義弟の森野實彦（現弁護士）が印象を語る。

「貢さんは生まじめな人で、後援会の結束が非常に強かった。民社党だけど、支持者の多くは保守系で、いわば『浅田党』。労働組合の人はほとんどいなかった」

現在、自民党の大阪府議の鹿田松男は古くからの浅田後援会の有力メンバーだった。

「貢先生は派手なこともしないし、質素な家に住み、気取りもなかった。義理・人情に厚く、選挙は強かった。国会に行きたかったけど、夢がかなわなかった」

浅田均は九八年七月、父親の要望を聞き入れ、パリ暮らしを約七年で切り上げて帰国した。息子の均が笑いながらつぶやいた。

「だまされたんです。おやじはその後、長生きし、亡くなったのは二〇一七年で、九二歳でした」

浅田均は一九九九年四月の府議選に出馬する。「浅田党」の地盤は強固で、一発で当選した。四八歳でアカデミックな調査・研究の道から、別世界のなまぐさい政治の道に飛び込んだ。

政治は未知の世界だったが、フランスやイタリアの実情が記憶にあり、地方分権には関心があった。

「イタリアは九〇年の大改革で県単位から州・県・市町村の三層制にして州の自治権を拡大し、州同士の競争を促した。フランスも同じです。日本でも九九年に地方分権一括法案が国会に提出され、分権が政治のテーマになっていました。国と地方の役割をきちんと分けて、権限も財源も地方に、というのであれば、面白い時代かなと思った」

パリ時代、大阪の政治や経済、住民生活については詳細を把握していなかった。府議となって驚くべき実態を知る。それは「大阪の衰退」であった。浅田が続ける。

「大阪は年間所得が二〇〇万円以下の世帯が全体の四分の一とか、所得は低く、生活保護の受給者の割合は大きい。犯罪の発生率も高かった。東京に匹敵するポテンシャルがあるのに、発揮できないのはなぜだろうと思った」

自民党の若手府議から太田批判

二〇〇〇年二月、太田が府知事に就任したとき、府政の最大の課題は財政危機であった。バブル崩壊で、府の税収（実質収入）は、一九九〇年度の一兆三五一〇億円をピークに、下落が始まる。就任前年の九九年度は九〇七二億円に落ち込んだ。太田の一期目、さらに減り続け、ボトムの二〇〇三年度には八三三三億円まで減少した。

太田は財政のやりくりから、「減債基金」の活用という手を使った。府債の償還財源の確保と健全な財政運営のための資金積み立てを目的とした基金である。府債の満期日に備えるための減債基金を取り崩して予算の財源の一部に充てたのだ。

太田時代、毎年の財源不足を補うための減債基金からの借り入れは、〇一年度から〇七年度までで総額五二〇二億円に上った。ただし、〇四年度以降、償還期限を迎える府債が急増して減債基金の取り崩しが限界に達した。そのため、償還の先送りで財政赤字を隠蔽する方法を取る。後に赤字隠しが問題となった。

橋下徹が知事となった〇八年度から、減債基金の取り崩しはストップとなる。以後、減債基金の復元、つまり借り入れの返済を進めて、一八年度までに計三五七七億円を元に戻した。太田が在任当時を振り返って語った。

「後に新型コロナウイルス対策で財政調整基金を使いました。私が知事のとき、この制度はありましたが、入れるお金がなくて、減債基金しかなかった。地方自治体は赤字額が一定の数字を超えると、財政再建団体といって、自治権を失うんです。これはまかりならぬということで、手をつけてはいけないけれど、減債基金を使うしかなかったのです」

「財政調整基金」は財源調整や健全な財政運営を行うための積立金で、将来のリスクや不測の事態への対応に備えるという目的もある。大阪府の財政調整基金の残高は、〇二年から〇七年まで、ずっと一三億円で推移した。

一方、地方自治体は、破綻状態になれば、地方財政再建促進特別措置法に基づき、総務大臣の同意を得て財政再建に取り組むことになる。「財政再建団体」と呼ばれ、この状態に陥った地方自治体は事実上、国の管理下に置かれて自主的な自治はできなくなる。それを避けるため、太田府政は、禁じ手といわれた減債基金の取り崩しに手を染めたのだ。

太田府政は一期目、前任のノック知事時代からの懸案だったバブル崩壊による「負の遺産」の処理、ノック時代の一九九八年に策定された府の財政再建プログラムの継続実施、九九年七月に着工した関西国際空港の第二期工事の推進などに取り組んだ。行財政改革の一つとして、「公務員の天下り」「高給取り」「退職金の二重取り」と批判が強かった府の出資法人の改革にも挑戦した。

出資法人とは、大阪府が出資して設立した外郭団体のことで、府の出資金などの割合が二五パーセント以上、かつ最大出資で、府が実質的に主導的立場にある法人を「指定出資法人」と呼んだ。二〇〇一年の段階で、株式会社のりんくうゲートタワービル、ゲートタワーホテル、泉大津港湾都市、岸和田港湾都市、財団法人の文化振興財団、大阪府社会福祉事業団など、その数は七九に上った。

太田府政で出資法人改革のための条例（大阪府の出資法人等への関与事項等を定める条例。〇六年三月公布）を成立させた。指定出資法人の数は、一期目で七九から六六に、太田時代の八年間で四六まで数を減らした。

〇三年、浅田から一期四年遅れて、同じく府議二世の松井一郎が府議選で当選し、自民党府議団に加わった。太田府政が始まったが、太田擁立に異議を唱えた浅田はその後も「反太田」の旗を下ろさない。

太田の一期目、松井、浅田、東徹（現参議院議員。日本維新の会総務会長）らは太田府政に対して不満を抱いた。出資法人改革のプラン作りの中心となったのは、大阪府の福祉部長、企画調整部長を経てノックと太田の両知事の下で副知事を務めた梶本徳彦（現大阪府日中友好協会会長）である。梶本は〇二年から〇三年、自民党の若手府議の間から太田批判の声が数多く聞こえてきた、と回顧した。

「府政に熱心に取り組んでいないという姿勢、大阪の将来を展望する大胆な政策がないという二つの点が大きかったですね」

松井が当時を振り返って強調した。

「あのころの大阪府庁はひどかった。財政状況は八年連続の赤字で、事業は何もできない。経済も生産が落ち、企業は出ていくばかりで、暗黒の時代でした。浅田先輩と『とにかく大阪を再生させなければ。このままでは大阪はだめになる』と、いつも話をしていました。当時は次の府知事選に自民党はどういうスタンスで臨むのか、それが一番の懸案でした」

松井は浅田に太田打倒を訴える。

「大阪は太田府政になって、さらに悪くなっているのに、自民党は太田知事と戦う気概もなかった。どうしても納得できず、次の知事選に向けて、私は『戦うべきだ』と発言していました。そのとき、浅田先輩から『松井君の言うとおりや。このままやと、大阪は本当に立ち直れなくなる。ここは戦うべき。政策や現状分析などの武器は僕が作る。君は先頭でやってくれ』と言われた。そこから非常に親しくつきあうようになりました」

二期目太田府政の低空飛行

浅田と松井は太田の二期目となる〇四年二月の知事選に照準を合わせて動き始めた。自民党は党本部も大阪府連も、現職の太田推薦の流れが早々と出来上がった。公明党が強く推す太田に相乗りしなければ勝てないという空気が強かったからだ。

太田再選反対論を唱える浅田や松井は、〇三年の夏ごろから対抗馬探しを開始した。松井が続ける。

「自民党で、僕ら若手九人が主戦論を主張しました。ですが、厳しい選挙となる。負ける確率のほうが高い。浅田さんと一緒に候補者探しをしました。知名度が高くて、大阪の現状に危機感を持ち、大阪を変えたいという思いが強かった辛坊治郎《しんぼうじろう》さんに接触した。こちらは飛び込み営業みたいなもんです。『ぜひ一緒に』と持ちかけたが、やっぱり断られました」

浅田と松井は、ニュースキャスターだった辛坊を含め、計三人と交渉したが、誰も乗ってこなかった。〇三年の十一月、四人目に元プロ野球投手の江本孟紀（当時、民主党の参議院議員。現野球解説者）と会った。松井が舞台裏を明かした。

「府議会で太田府政に批判的だった人から情報を得て、江本さんに、ということになりました。『政策は全部、僕らで作る。活動も支える』と言ってお願いした。選挙のスタッフ、資金、事務所の手当ては全部、僕がやりました。選挙では『知事退職金の五割削減、知事報酬の二割削減、府職員の人件費の総額五パーセントのカット』を掲げました。その後、僕らがやってきた『身を切る改革』を最初に唱えたのは、江本さんの選挙のときです」

〇四年二月の大阪府知事選で、現職の太田は〇三年九月の段階では、「政党の推薦を受けずに無党派で」と宣言していたが、江本の出馬が決まると、方針転換して各党や各種団体に推薦を要請した。自民党、公明党、民主党、社民党が推薦を決めた。

選挙戦は太田、無所属の江本、共産党推薦の梅田章二（弁護士）ら五人が立候補した。府民の関心は低く、投票率は過去最低の四〇・四九パーセントと低調だった。結果は太田が約一五六万票を獲得し、約六七万票の江本、五〇万票余の梅田らを大差で破って再選を果たした。

太田府政は二期目を迎えたが、無策と惰性が目立った。太田在任の八年間を通して副知事だった梶本が評した。

「通産省出身ですから、経済政策で何かやってほしかった。やろうと思えば、できたと思いますが、それがありませんでした。関空の第二期工事には熱心でしたが、それも道筋が決まっていた話です。政治家という感じではなく、二期目に入ってからは、政治の仕事にも積極的ではなくなりました」

二期目の太田府政は低空飛行が続いた。太田はそれでも三選に意欲満々だったが、「バンザイ事件」でつまずいた。

〇四年の知事選を自民党、民主党、公明党などの相乗りで戦った太田が、〇七年十一月の大阪市長選の日、当選した民主党推薦の平松邦夫（元毎日放送アナウンサー、役員室長）の事務所に出向いて、一緒に万歳をした。その結果、平松の対立候補の關淳一市長を推薦した自民党、公明党の反発を招いた。

追い打ちをかけるように、大阪府内の中小企業の経営者団体からたびたび高額の講演謝礼を受け取っていた事実が発覚した。過去二回の知事選で推薦してきた各党が不支持を決める。立候補断念に追い込まれた。

橋下徹と堺屋太一

〇八年一月、ポスト太田を選ぶ大阪府知事選が実施された。その二カ月前、現職の關市長と平松が争った〇七年十一月の大阪市長選の舞台裏で、注目すべき出馬工作の動きがあった。

当時、政権は福田康夫内閣の時代だったが、与党の自民党で選挙対策総局長だったのが現首相の菅義偉である。菅が官房長官時代、インタビューに答えて明かした。

「当時、大阪市は滅茶苦茶な公務員天国でした。それをぶち壊そうということで、大阪の自民党の市会議員たちが、大阪市長選に担ぎたいと言って、私のところに橋下徹さんを連れてきました。『橋下さんを口説いてくれ』と言われ、私は会って口説きました。それが初めての顔合わせです。そのときは橋下さんは、芸能プロダクションに所属していたからだめということで、『選挙には二〇〇パーセント出ない』とか何とか言って、断った。その後に大阪府知事選があった。今度は逆に橋下さんが『出たい』と言ってきたんです」

タレント弁護士だった橋下は大阪市長選を見送り、二カ月後の大阪府知事選に出馬することになる。「大阪市議が橋下を連れてきた」と菅は語ったが、菅、橋下の両方と交流がある浅田に尋ねると、「橋下さんを菅さんのところに連れていったのは、自民党の衆議院議員の中山泰秀氏」と答えた。大阪四区選出の細田派の中堅議員である。

橋下は大阪市長選に一度、前向きの姿勢を見せ、自民党本部に出向いたが、菅の説得を振り切り、市長選ではなく、わずか二カ月後、府知事選に出た。テレビ出演などの芸能プロダクションとの約束も事実だったかもしれないが、それ以上に橋下に大きな影響を与えた人物がいた。橋下が「師」と仰ぐことになる作家の堺屋の働きかけが大きかったと見られる。浅田が解説する。

「橋下さんは最初、『市長選に出たい』と言っていましたが、堺屋さんに『やりたいことを実現するには府知事でなければ』と勧められたのです」

橋下が自ら『文藝春秋』二〇一九年四月号掲載の手記「さらば我が師、堺屋太一」に書きつづった体験記によれば、〇七年十一月ごろ、一面識もなかった堺屋から直接、電話で面談を申し込まれ、帝国ホテル大阪の会議室で初めて面会したという。

「著名人の知り合いは多くないので、事務所のスタッフから、『堺屋太一さんから電話があり、会いたいとおっしゃっています』と聞いたときは正直、面食らいました。堺屋さんとは面識もなければ、共通の知人もいません。（中略）そのときは『大阪が大変なことになっているから是非会いたいということです』とスタッフが言うので、ただならぬ用件かもしれないと思って会うことにした」

帝国ホテル大阪での二人きりの会話は四時間近くに及んだ。

「テーブルを挟んで話しているうちに、堺屋さんはこう言われました。『橋下さんの人生の一部を大阪に使ってくれないかな』」

それまで弁護士活動とテレビ番組でのコメンテーターなどのタレント活動の日々だった三八歳の橋下は、堺屋の言葉に心を突き動かされ、「政治の『スイッチ』が完全にONに」と回想している。

浅田と松井一郎で橋下を「面接テスト」

橋下は堺屋から強く背中を押され、〇八年一月の府知事選への出馬を決意した。

橋下に白羽の矢を立てた堺屋は、自ら口説き落とすとともに、自民党大阪府議団の幹事長だった長老の朝倉秀実（元府議会議長）に橋下擁立の下工作を依頼した。朝倉は副幹事長の浅田と政調会長の松井に、「自民党が推薦できる人物かどうか、橋下と会って政策の協議を」と命じた。浅田がその場面を回想した。

「最初は太田知事の対抗馬を探そうということで、いろいろな人に当たりました。松井さんは松井さんで、私は私で、探したんです。そういうときに、堺屋さんが橋下さんを推薦すると決めて連絡してきました。そうやって橋下さんと行き当たったのです」

松井も朝倉から連絡を受けた。松井が語る。

「当時、橋下さんは茶髪の弁護士で、テレビでも言いたい放題、言っていました。自民党に対しても、ばさばさメスを入れていたので、党内に反対する人もたくさんいた。浅田さんも最初、橋下さんに少し疑心暗鬼なところがあり、評価もあまり高くなかった。僕は朝倉幹事長から、『橋下さんを自民党が知事候補として推薦できるかどうか、本人と会い、政調会長が中心となって一度、政策の協議をやるように』と指令を受けました」

太田の不出馬が濃厚という情勢になった〇七年十二月、浅田と松井は橋下を府議会の自民党政調会長室に呼んで「面接テスト」を行った。

浅田や松井は太田知事時代、大阪府が出資する外郭団体への職員の天下りの抑制や補助金の改革を推し進めた。副知事の梶本が中心となって策定した出資法人条例の成立を図るため、議会側で各種団体の実態や補助金の内実を検証した。

松井が「面接」で橋下に「これをやれるか」と尋ねる。橋下は「知事になるのは、まさにそれをやりたいからだ。自民党がこういうことをやろうとしているとは知らなかった」と答えた。

出馬断念に追い込まれた太田の後任を選ぶ府知事選には、自民党推薦・公明党支持の橋下、当時の民主党と社民党と国民新党が推薦する熊谷貞俊（元大阪大学教授。後に衆議院議員）も含め、五人が立候補した。開票の結果、約一八三万票の橋下が、約一〇〇万票の熊谷とそのほかの三候補に大差をつけて当選を手にした。

当選時の橋下は、上り調子の民主党に対抗する自公両党が担いだ保守系知事というイメージが強かった。橋下自身は、選挙前の浅田・松井チームとの政策協議で約束した方針と路線が基本という意識があった。

松井は橋下府政を支える体制を確立する必要があると思った。

「橋下さんも、納めた税金が既得権益のところばかりに行くのを改めなければ、という思いで手を挙げたわけですから、僕らが前に作っていた大阪の行財政改革案は渡りに船でした。一緒にやろうという話になる。僕は浅田さんに『橋下さんは本気ですよ』と言って知事就任後、すぐに三人で会食しました」

橋下の改革路線を支えるためには、自民党内の改革派が府議団の幹事長を押さえる必要があった。その点で三人の考えが一致した。

橋下知事登場から三ヵ月余が過ぎた〇八年五月に党内の役員が改選となる。浅田が府議団幹事長の座に就いた。

松井が橋下に「浅田幹事長の下で支えるから、思いっ切りよくやってもらいたい」と告げる。太田知事時代に浅田・松井ラインが提唱して取りまとめてきた改革案を、橋下は矢継ぎ早にスタートさせた。

「維新を作り上げたのは橋下さんの発信力、松井さんの求心力、浅田さんの政策力です」

二年後の一〇年四月に大阪維新の会が旗揚げするが、結党メンバーの一人の岩木均（現大阪府議）が評した。

浅田、松井、橋下はその後、「維新の三本柱」と呼ばれることになる。三本柱が歩調を合わせて走り始めた。

第2章　地域政党の旗揚げ

「橋下劇場」の開演

二〇〇八（平成二十）年一月二十七日、橋下徹が大阪府知事選に当選した。二月六日、知事に就任する。三八歳で、当時としては最年少の知事だった。

橋下は選挙戦で、出産や子育ての支援などを掲げたマニフェストを発表した。他方、府債残高が五兆円、〇八年度の財源不足が四八〇〇億円という状況に強い危機意識を抱き、財政立て直しを打ち出した。

大阪府はバブル崩壊による法人税収の落ち込みなどが影響して、中川和雄知事の時代の一九九三年に地方交付税の交付団体に転落した。次の横山ノック知事の時代の九八年、財政再建プログラムを策定して支出削減に努力した。それでも財源不足をカバーできず、将来の地方債返済の財源となる「減債基金」からの借り入れに頼らざるをえなかった。

二〇〇〇年二月にノックの後に太田房江知事が登場する。太田の後任の橋下は、〇八年の知事選で「大阪府は破綻会社」と強調し、就任直後の記者会見で真っ先に財政非常事態宣言を表明した。

「収入の範囲内で予算を組む」と言明する。府庁内の部局を超えて集めた一一人による改革プロジェクトチームを設置した。

砂原庸介著『大阪――大都市は国家を超えるか』が解説する。

「改革プロジェクトチームは、二〇二一年度までの財政見通しを試算し、『収入の範囲内で予算を組む』、すなわち減債基金からの借入をやめて将来の償還に備えるためには、二〇〇八年度に一一〇〇億円、その後も二〇一六年度までで総額六五〇〇億円の歳出削減が必要であると発表した。あらかじめ用意されていた二〇〇八年度予算は凍結されて、（中略）一一〇〇億円の歳出削減を目指して、職員退職金のカットを含む約一〇％の人件費削減で最大四〇〇億を捻出することをはじめ、施設の整理、市町村への補助金削減など大胆な内容を盛り込んだ『財政再建プログラム試案』を四月一一日に提出した」

橋下改革がスタートした。ターゲットは、財政改革のほかに、教育改革、空港問題、水道事業の統合、賃金制度の見直しや「わたり」の廃止などの公務員制度改革、大阪市との二元行政・二重行政の打破による無駄の排除などであった。最初に挑んだのが教育、空港、水道の三点である。

いずれも民意の強い支持が後押しした。橋下は「民意との結託」を武器に、既成の構造や既得権益に切り込む。ポピュリズム批判と背中合わせの「橋下劇場」が開演した。

教育改革を取り上げた理由を、橋下は二〇一一年十一月刊行の堺屋太一との共著『体制維新――大阪都』で説いている。

「残念ながら大阪は犯罪発生率、失業率、生活保護率、離婚率など、あらゆる指標で全国ワーストかそれに近い状況です。僕は、この大阪の低迷、『大阪問題』の根本は、教育にあると考えてきました」

教育改革と空港統合

橋下は私立高校の授業料無償化に着目し、全国に先駆けて実現した。一方で、公立中学校の給食実施率の向上計画も推し進めた。

教育の制度改革にも挑戦する。就任時、大阪の学力は小学生が全国四一位、中学生が四五位だったが、競争促進による学力向上を狙って、全国学力テストの結果を市町村別に公表すると明言し、教育の現場にも切り込んでいった。橋下が実態を明かす。

「当時、文部科学省は教職員組合に妥協して、都道府県別の結果は出すが、競争を煽らないように、市町村別の結果は出さないことにしていました。（中略）文科省や教育委員会の言い分は、結果を公表すると過度な競争が生じ、不当な序列化が生じるというものでした。最初にこの理由を聞いて、バカ言ってんじゃないよと感じたので、その後『文科省はバカ』と言ってやりました」（前掲『体制維新――大阪都』）

空港問題は、関西地区で競合関係にある伊丹空港（大阪国際空港）、関西国際空港、神戸空港の三空港の取り扱いがテーマだった。

橋下は大阪経済の行方を左右するのは関空のあり方と見定め、競争力アップをもくろむ。関空は一兆三〇〇〇億円の有利子負債が重荷だった。橋下は〇八年七月、関空の活性化を狙って伊丹空港廃港を表明した。

地元は伊丹空港存続の意向が強かった。三空港一元管理案が浮上する。橋下は国営の伊丹空港の民営化で資金を捻出し、関空の債務の返済に充てる案を考えた。

〇九年九月、政権交代で民主党政権が発足する。鳩山由紀夫内閣の国交相となった前原誠司（後に外相）は一〇年四月、伊丹空港の民営化と民間企業の関空会社の経営統合案を提示した。前原が言う。

「橋下さんとは、関空をハブ空港に、という要請を受けたときが始まりです。こちらから『羽田空港をハブにして国際化する。伊丹空港と関空の統合で運営会社を一つにして民間に任せるので協力を』と持ちかけたら、全面的に協力してくれました。伊丹空港のターミナルビルは大阪府や大阪市が権利を持っていたけど、『一体にしないと、統合した会社の運営権の価値が下がる』と言ったら、快く府の権利を出してくれました。彼とはケミストリー（相性）が合うというか、改革志向で共に仕事をしてきたという自負があります」

自民党・公明党推薦の知事だったが、「人気の橋下」との連携を意識する民主党政権が空港問題で配慮した感もあった。二空港の経営統合は二年後の一二年七月に実現した（神戸空港との統合は一八年）。

平松邦夫大阪市長との蜜月時代

橋下は大阪府と大阪市の水道部門の一元化にもチャレンジした。

府と市は淀川沿いの至近距離でそれぞれ別々の浄水施設を設け、水道事業を進めてきた。節水と需要減で、府と市を合わせた浄水場の能力の約三分の二しか必要としなくなる。統合による余剰施設の縮小や跡地の再利用、水道料金の値下げなどが見込まれたのだ。

二重行政の解消を視野に入れる橋下は就任直後の〇八年二月、住宅供給公社や信用保証協会と合わせて、水道事業の一元化を大阪市の平松邦夫市長に提案した。

橋下登場直後、二人の関係は「蜜月」状態で、協議は順調だった。四年後に「政敵」として大阪市長の座を争うことになるが、最初は違った。同じテレビ界出身という共通項もあり、自民党と公明党の後押しの知事と民主党推薦の市長という立場の違いにもかかわらず、自他共に認める「蜜月」関係を誇った。

平松は自著『さらば！　虚飾のトリックスター』で、「ともに『大阪』をより良くしていこうと語りあった仲であった」と回顧し、蜜月の例として、〇八年八月二十九日に大阪城ホールで行われた読売テレビ五〇周年ライブ「たかじんプロデュース“Koi-con”」で、歌い終わったタレントのやしきたかじんが演じたシーンを自ら書き残している。

「『さあ、今夜は、サプライズなゲストをお呼びしています』と言うと、会場は一瞬、静まった。『くにおちゃんと、とおるちゃんです！　どうぞ』　たかじんさんのこの口上の段階では、会場の人々は、『あの漫才コンビ酒井くにお・とおるがきとったんかいな。なにがサプライズや』と思ったに違いない。しかし、登場したのは、くにおはくにおでも平松邦夫、とおるはとおるでも橋下徹だった。そして、たかじんさんが私たち2人の手をとって握手をさせると、会場はさらに沸いた」

就任初期に二人を結びつけてくれたのは、読売テレビの看板番組の「そこまで言って委員会」で人気を博していたあの「やしきたかじん」さん、と平松は記述している。

水道事業の一元化の協議も順調に進んだ。〇八年四月、統合の方向で足並みがそろった。六月の協議で具体案が示される。その案を軸に検討を進めることが決まった。橋下と平松が七月二十四日に共同記者会見を開き、統合で合意したと発表した。

その後、〇九年九月に大阪府と大阪市が統合で正式に合意し、覚書を交した。ところが、一〇年二月、破談に終わった。平松は著書『さらば！　虚飾のトリックスター』の「第三章　わが体験的『橋下徹論』」に記している。

「2010年2月に急きょ雲行きが変わる。私には何の連絡もなく、メディアに『府市水道協議はご破算に』という観測記事などが掲載され始める。知事からは何の連絡もない」

一九九一年以来、大阪市会議員を務める松崎孔《まつざきとおる》（元民主党大阪府連副代表）が背景の事情を説明した。

「最初、大阪市がコンセッション方式で大阪府全域の水道の面倒を見ますという話を持ちかけ、橋下さんもそれに乗ったんですよ」

コンセッション方式とは、大阪府が府内の市町村に用水供給している水道事業を、大阪市が受託するシステムである。松崎が続ける。

「大阪市は自分とこで水を作って二七〇万人市民の家の蛇口まで送っています。一方、大阪府が作った水は、卸しの役割の水道企業団が買って府下の各市町村に売る。これを一元化して、大阪市がコンセッション方式で全部、面倒見るという話になりましたが、そこで水道企業団が拒否しました。橋下さんはそれでもええわ、という話でした。だけど、ぴたっと連絡が取れへんようになりました」

「府市合わせ」の象徴

平松は前掲の著書で、橋下との関係断絶の印象と自身の橋下評を書きつづっている。

「結局、はしごを外されたのが私である。方針変更についても、協議打ち切りについても、何の連絡もなかった。逃げ足が速く、言い訳だけは巧み――。この一件は、私にとって橋下という人は信用できない人であると結論づけることになった」

「一番不思議なのは橋下氏の思想信条がどこにあるのか、私にはまったくわからないことである。大阪府知事時代、彼がどんな成果を上げたのか、何を目指していたのかも当時はわからなかった」

「基本的には強者の論理の信奉者、市場原理主義やネオリベラリスト（新自由主義者）的なスタンスに見えるが、単純にそれだけでもないようだ。その場その場でメディア受けを狙った発言を繰り返すため、首尾一貫した思想や哲学といえるものが見えてこない。アドバルーンを上げて世論やメディアの反応を探り、前言撤回をしても、それを『潔さ』だと見せる手法にたけている」

橋下は平松について、前掲の共著『体制維新――大阪都』でこんな見方を述べる。

「平松市長と僕の違いは何なのか。僕は仕組みを変えるのが政治家の一番大事な仕事と考えています。それに対し、平松さんは行政の長として、いまの仕組みを前提として組織を安定的に動かすことを重視しているのだと思います。体制を変えるなどとは考えてもいないのでしょう」

「平松さんとの考え方の差は、大阪府知事という広域行政の長と、市町村という基礎自治体の長との立場の違いに根ざしているのでしょう。基礎自治体の長たる市長は、区民祭など地域の行事に頻繁に出て、住民の皆さんの顔を直接見てコミュニケーションを図るのも重要な仕事です。対して広域行政の長たる知事は、住民と直接接触するよりも、景気対策や雇用対策、空港、港湾、高速道路、鉄道などの広域インフラ整備、自治体外交、国との権限折衝など、地域全体をどう改善するか考えるのが仕事です」

「大阪全体の大都市の経営者である広域自治体の長と、住民の皆さんとコミュニケーションをとりながら生活を支える基礎自治体の長、この二つの仕事は全然違うものです」

言い分はすれ違いのままだが、二年の「蜜月」の後、一転して離反・対立となった原因は何か。橋下が続けて説く。

「『大阪都構想』を僕が宣言してから、それまで比較的良好だった平松市長との関係は悪化しました。市長は『橋下知事は大阪市を潰そうとしている』『大阪市民を潰そうとしている』と批判します。僕は『大阪市役所と大阪府庁を潰して新しい役所をつくる』と言っているのに。統治機構の仕組みを変えよう、と提起しているのです。これこそが政治家にしかできない政治の役割だからです」

橋下は「低迷する大阪」を打破するために大阪独自の成長戦略を、という広域行政のビジョンを描き、実現に必須と位置づける統治機構の変革を目指す考えであった。

片や平松は、橋下が大阪都構想を言い出した場面を振り返り、前掲の著書で、「橋下氏と水道事業の統合協議中であったので、印象深く受け止めたことをよく覚えている」と前置きして、「『大阪都構想』とは、策に窮したら目先をかえる、それも話が大きければ大きいほど効果は大きいという橋下流政治パフォーマンスの『先行事例』だったのである」と一刀両断にしている。

結局、蜜月は長く続かなかった。やがて不倶戴天の敵となる。橋下の大阪府と平松の大阪市の対立は、二重行政問題と重ね合わせて、「府市合わせ（不幸せ）」の象徴と評された。そこから「大阪市廃止・特別区設置」を柱とする大阪都構想の運動が本格化した。

府庁舎移転が否決

橋下と平松の絶交から約二カ月さかのぼった〇九年十二月二十五日の夜、大阪市中央区の地下鉄谷町四丁目駅に近いレストラン「エルカミーノ」で、橋下、自民党大阪府議団の反主流派の中核だった浅田均と松井一郎の三人が会食した。

「府とか市とか超えて、ワン大阪にしよう。新しいローカルパーティーを旗揚げせなあかん。橋下さんにトップになってほしい」

松井が橋下に持ちかけた（吉村洋文・松井一郎・上山信一著『大阪から日本は変わる』より）。

ローカルパーティー（地域政党）結成は浅田の持論だった。浅田が強調する。

「従来の中央主導の地方分権ではなく、目指すのは地方主導の本当の地方分権。自民党も含め、既存の党は、党の構造も中央集権党で、東京で決めて地方に『従え』というやり方です。党内構造が分権型で、国会議員も地方議員も同等という形のローカルパーティーを造る。それがいいという考えでした」

橋下は浅田の着想に強い関心を示した。年が明けて一〇年となる。橋下は正月に開かれた自身の後援会の新年パーティーで、「大阪府と大阪市を統合・再編する大阪都構想を目指す」と宣言した。

維新の出発点は、今から一一年前の一〇年四月十九日に大阪で旗揚げした地域政党の大阪維新の会である。きっかけは大阪府庁舎の移転問題だった。

その二年二カ月前に大阪府知事に就任した橋下は、大阪市が建設して「バブル期の無駄な公共投資」の象徴といわれた大阪ワールドトレードセンタービルディング（WTC。現大阪府咲洲庁舎）の購入と、WTCへの大阪府庁舎の移転を計画した。浅田の回想が続く。

「橋下さんが知事に当選した後、少し落ち着いた〇八年五月に、松井さんと三人で食事し、いろいろと話し合いました。大阪市が建設したWTCを大阪府が買い取ったらどうかとか、大阪府庁舎をそこに移転させたらとか。僕らが賛同できるプランが多かったので、その路線で自民党府議団をまとめていこうという話になりました」

WTCは大阪府が建設したりんくうゲートタワービルと並んで、一九八〇～九〇年代のバブル期の「的外れの公共投資」の象徴といわれた高層ビルである。共に経営破綻の道をたどり、財政を圧迫し続けた厄介者の施設であった。

橋下は〇八年八月、大阪市が持て余していたWTCを大阪府が買い取って府庁舎を移転する案を大阪市に提示した。WTCを含むベイエリアを経済特区にしてアジアの拠点とする橋下構想、老朽化が著しい府庁舎の建て替え回避策、府と市の二元行政・二重行政の解消の「一石三鳥」を狙ったプランだった。

この府庁舎移転問題が自民党分裂の引き金となった。大阪府議会の事情に詳しい元副議長の冨田健治（現大阪民社協会会長）が背景を回顧した。

「府庁舎の建て替え問題は長年の課題でした。橋下知事と平松市長の関係がよかったころ、大阪府がWTCを買い取って移転するという話を二人でやっていました。私らは、災害の場合などを考えて、府庁と大阪市役所は近い場所がいいと言ったけど、橋下知事は平松市長に『買う』と言ってしまった。そのとき、自民党で『WTCへの移転がいい』と主張したのが松井一郎氏らのグループです」

大阪府と大阪市のWTC買い取り交渉は資産価値の評価をめぐって難航したが、何とか妥結する。橋下は〇九年の府議会に府庁舎移転案を提出した。

三月二十四日、府議会で府庁舎移転の条例案の議決が行われた。投票総数一一二のうち、賛成票は四六、反対は六五で、可決に必要な三分の二に遠く及ばず、否決された。十月二十七日の二回目の議決でも、WTC購入費用の一〇三億円を盛り込んだ予算案は可決したものの、府庁舎移転の条例案は再否決・不成立に終わった。

大阪城前の現庁舎への強い愛着に加え、WTCの耐震問題が新たに浮上した。その不安が重なり、三月の一回目の議決の際、知事与党の自民党府議団の中から、多数の反対票が出た。

「自民党を割らなあかん」

自民党府議団が分裂した。四月二十五日、府議四九人のうち、府議団の政調会副会長だった松井や今井豊（後に府議会議長。現日本維新の会副代表）ら六人が分派の「自民党・維新の会」を結成した。今井が語る。

「あのとき、自民党府議団は一度、橋下知事提案の移転計画の支持を決めたのに、一夜にして党の中で引っ繰り返しました。こんな自民党はおかしい、と声を上げた若手のうち、まず六人が府議団を飛び出したのです」

松井、今井、青野剛暁《あおのよしあき》（後に大阪維新の会副代表）、井上哲也（後に吹田市長）、浦野靖人（現衆議院議員）、鈴木憲（後に大阪維新の会府議団幹事長）の六府議である。

浅田はそのとき、自民党府議団の幹事長だった。当時を振り返った。

「僕は松井さんとずっと連携してやってきたから、思いは同じでした。だけど、幹事長だったから、一緒に出ていくわけにいかんかった。僕らは、古い自民党の手法や意思決定のやり方はおかしい、自民党を割らなあかんという思いがありました。自民党内が分裂しないような議案を役人に持って来させる。議員が主導権を持って取り組むのではなく、役人主導に自民党が協力する。そんな古い自民党の政治とは決別すべきだと言ってきました。松井さんが今井さんを誘った。自民党・維新の会は今井代表、松井政調会長となったけど、結成準備は事実上、松井さんが全部、一人でやりました」

松井、今井らが決起の第一弾で、その後に浅田らが第二弾で自民党府議団を出るというシナリオだったという。自民党・維新の会結成から半年後の十月三十日、浅田、大橋一功《おおはしかずのり》（当時は自民党府議団副幹事長。後に府議会議長）、岩木均ら五人の府議が自民党府議団を離れ、「自民党・ローカルパーティー」を立ち上げた。大橋が回想する。

「五人で記者会見を行いました。自民党府議団の運営にはついていけない、と理由を述べ、われわれの主張をきっちりしたいので、自民党・ローカルパーティーと名乗って独立すると説明しました。会の命名は浅田さんです」

橋下と浅田の関係について、大橋が解説した。

「浅田さんは、誰もが言うように、『維新の頭脳』です。橋下さんと常にキャッチボールをやっていました。投手が橋下さんで、浅田さんが捕手、アンパイアは上山先生という感じでした」

慶応義塾大学教授の上山信一は、経営戦略と行政改革が専門の公共政策学者で、長く大阪府・大阪市の特別顧問、維新の政策特別顧問を務めてきた。橋下府政誕生の三年前の〇五年から、後の維新の中心メンバーと交流を持ち、ブレーンの役割を担った。経営コンサルタントの上山は、前掲の共著『大阪から日本は変わる』の「おわりに」で、「維新改革との実質的な出会い」の場面を回顧している。

「ある日、自民党府議会議員の浅田均さん（現日本維新の会参議院議員）から意見交換をしたいと連絡をいただきました。会って小一時間で『大阪府と大阪市は統合すべき』と意気投合し、また『大阪の改革には地域政党が必要』という理論にも納得しました」

アンパイアの目に映った浅田の人物像を、上山が語る。

「きちんと詰めた仕事ができて、かつ物事をダイナミックにとらえて構想する力があります。多様な意見がある中で、いろいろなものを吸収していけばいいという自由主義の考えの安定した政治家です」

笑いながら、「根は『フランス人』ですから」と言い添えた。

上山は大阪都構想がもたらす政治的意味合いを説いた。

「大阪市会は既得権益を代弁する世襲議員が当選しやすい選挙区割りになっています。区割りの変更には議会の議決が必要ですけど、現職の議員たちはそれを崩したくない。大阪市役所の廃止には、その是正の効果もあります。都構想が実現すると、今まで大阪市会が軽視してきた広域へのインフラ投資や教育投資などにより多くの予算が回せるようになるでしょう」

大阪市議の総定数は八三で、市内の二四行政区を選挙区とする中選挙区制（各区の定数は二〜六人）で選出される。維新が大量進出するまでは、有力な選挙地盤を誇る議員やその後継者の連続当選が目立ち、議員の職の「家業化」を問題にする声も多かった。都構想の支持派には、「大阪市会の廃止が最重要で、それが都構想の肝」と強調する人もいた。

大阪市政の闇

伝統的な大阪市会の構造と体質は、「安定と継続」を最重視してきた大阪市政と背中合わせ、という指摘も多い。

戦後の大阪市長は、一九六三～七一年在任の中馬《ちゅうま》馨《かおる》、七一～八七年の大島靖、八七～九五年の西尾正也、九五～二〇〇三年の磯村隆文、〇三～〇七年の關淳一《せきじゅんいち》の五人が、いずれも大阪市の助役経験者だった。中馬と西尾は大阪市役所の生え抜き組、大島は大阪府庁、労働省（現厚生労働省）から、経済学者の磯村は大阪市立大学教授の後に、医師の關は大阪市立桃山市民病院副院長、大阪市の環境保険局長を経て、それぞれ助役に就任し、前任市長の後継となった。

市職員出身で、〇五年十二月から四年間、大阪市の副市長を務めた柏木孝（現帝塚山学院常務理事）が述べる。

「基本的に大阪市役所には『大阪モンロー主義』といわれて、外部から人材を受けないという風土がありました。それで、せめて助役にはよその血をというので、磯村さんを呼んだ。西尾さんが磯村さんを選び、磯村さんは關さんを後継に指名した」

砂原庸介著『大阪――大都市は国家を超えるか』が、〇七年以前の大阪市政の深層を明快に分析している。

「助役経験者が市長を引き継ぐことができれば、市政の安定性と継続性は確保されやすい。（中略）そこで重要になるのが、確実に選挙で勝利できるようなしくみであり、具体的には市長がその支持基盤を後継者に引き継ぐことである。大阪市で市長の支持基盤として機能を果たしてきたのは、共産党を除いてすべてが市長与党となった市議会の各会派と、大阪市労働組合連合会（市労連）傘下の労働組合であった。（中略）市長の支持基盤を強固にするしくみは、市議会議員とそれにつながる利害関係者や市の職員団体をはじめとした労働組合に、さまざまな便益が供与される温床となった」

一定の流れで長く安定的な市政が続けば、専門的な知識や能力を備えた市官僚と歴代市長が二人三脚で、長期的な視野に立って、市政の重要課題に取り組むことが可能になる。そのメリットはあるが、他方、議会による市政の監視と点検というチェック機能が形骸化する危険性を伴う。前掲の『大阪——大都市は国家を超えるか』が続けて解説する。

「市労連傘下の労働組合に対する便益の供与が、社会的に認められない程度に拡大し、顕在化した結果が、關淳一市長の時代に発覚した職員厚遇問題である。この問題は、二〇〇四年八月、大阪市が職員互助組合に毎年約三〇億円の公金を支出するという過剰な補助が、他の自治体と比べて際立って多額であるという指摘から始まった」

発端は関西のテレビ局の毎日放送（MBS）が平日の夕方に放送していた「VOICE」というローカルのニュース番組の報道であった。「闇《やみ》の正体」というコーナーで大阪市のカラ残業問題を取り上げた。以後、ヤミ年金、ヤミ退職金、怪しい超過勤務手当てなどの実態が次々と明るみに出たのである。

關淳一市長の改革挑戦

關は一九二三～三五年に大阪市長を務めた關一《せきはじめ》の孫であった。關一は御堂筋の拡幅、大阪港や地下鉄の建設などを実現し、「大大阪」の時代を築いた市長として知られた。

孫の關淳一は二〇〇三年十一月の市長選に、共産党を除く主要政党の推薦を得て出馬し、得票率五五・五パーセントという圧倒的勝利で当選した。

「モンロー主義」打破を意識し、選挙の公約で、当選後の助役人事について「外部・女性」を掲げた。市長就任後、公約どおり、外部から初の女性助役を起用する。元暴力団組長の元妻で、その後、猛勉強で司法試験に合格した異色の弁護士の大平光代を登用して話題を呼んだ。

關淳一市長時代の〇五年、助役の大平の依頼で大阪市市政改革推進会議委員長となった上山が、職員から聞いた話として大平起用の舞台裏を明かした。

「關さんは外部の女性の助役を登用したかった。そこで大阪の弁護士会に女性弁護士の紹介をお願いした。すると、大平さんが推薦されてきたのです」

行政は大平には初めての分野だったが、助役としての取り組みを、柏木が披露した。

「最初の一年間、主要幹部の会議で、大平さんは一言も発言しなかった。一年が過ぎていろいろな問題が出てきたところで、にわかに辣腕を発揮し始めた。黙っていた一年間、ものすごく勉強されたんですよ」

助役就任の八カ月後、職員厚遇問題が表面化した。上山も大平の奮闘に目をみはった。

「關さんは、もともとは既存の体制による『ぐるみ選挙』に乗って当選した、いわゆる名望家の市長でした。だから、当初はばりばり改革に乗り出す人ではないと見られていたんですが、職員厚遇の不祥事が発覚し、大平さんが大なたを振るい始めた。彼女は關さんにもいろいろ提案して実行を迫った。關さんは逡巡しながらも、最後は思い切って大平さんの提案を受け入れ、改革は動き出した」

不祥事や疑惑の噴出を深刻に受け止めた關は、市政改革本部を新設する。〇五年九月に大掛かりな改革プランを打ち出した。

中身は、「身の丈に合わせた経常経費の圧縮」「特別会計の改革」「大阪市の関与の見直し」「職員数の削減」などの一九項目のマネジメント改革、「公正確保のしくみづくり」「情報公開の推進」などの七項目のコンプライアンス改革、「トップマネジメント機能の強化」「区の自律経営」「組合との関係の見直し」などの一二項目のガバナンス改革だった。

その上で、關は「市政改革について市民の信を問う」と唱えて、〇五年十一月、自ら出直し選挙を仕組んだ。市長辞任・再出馬作戦を選択した關の本当の狙いは、歴代大阪市長が踏襲してきた「安定と継続」重視の既存体制総ぐるみからの脱却だった。

大阪市議の松崎が出直し選挙の内実を振り返った。

「關さんは最初、市労連と部落解放同盟の応援を得て市長になったけど、それを見直すということで、やり直しの市長選に出た。そのとき、『自民党と公明党の推薦でやるから、応援は要りません』と言ってきたので、民主党は前衆議院議員の辻恵さんを立てたが、われわれ旧民社党系は關さんを支援した」

大阪変革は關改革が原点

關は選挙で再選を果たしたが、獲得票は〇三年の市長選と比べて約九万票も少なかった。大平は市長選直前の〇五年十月に退任した。入れ代わりに助役となった柏木が、市役所の内部から見た「關改革」の印象を語る。

「職員厚遇問題に切り込んだだけでなく、情報公開、同和行政の終結、年齢が高い現業職員の高給の見直しなどもやられました。地下鉄の民営化も關さんの提唱です。ですが、市民は關さんの改革について、正直、よく分かっていなかったと思います。よくやったというよりも、不祥事を起こして、大阪市役所のトップとして何をしてたんだ、という反発が大きかったのでは」

それでも、後に維新政治で本格化する「大阪府と大阪市の二重行政の打破」「選挙支援組織や圧力団体と行政の癒着の排除」「身を切る行財政改革」などの改革路線の源流は關時代の市政改革、真の大阪変革は關改革が原点、と高く評価する声は根強い。

だが、次の〇七年十一月の市長選で、現職の關（自民党・公明党推薦）は新人の平松（民主党・国民新党推薦、社民党支持）に三六万七〇〇〇票対三一万七〇〇〇票で敗れる。關時代は四年で終わった。

〇七年の大阪市長選には、中央政治での自民党と民主党の権力争奪が微妙に影響した。松崎の回想が続く。

「〇五年の出直し選挙に続いて、關さんが〇七年の市長選でも、『自公が応援してくれるので、民主党の応援は要りません』と言ってきた。私は民主党市議団の幹事長だったが、大阪と友好都市だったサンフランシスコに自民党、公明党の幹事長と一緒に出かける機会があった。旧民社党系は今度も關さんを応援してもいいと思っていたので、自民党の幹事長に持ちかけたら、『今、中央の自民党は民主党をつぶすのに懸命。市長選を民主党と一緒にやるのは無理だよ』という返事だった」

中央では〇六年九月、小泉純一郎首相が退陣し、第一次安倍晋三内閣が誕生した。翌〇七年七月、自民党は参院選で小沢一郎代表が率いる民主党に大敗を喫する。与党の過半数割れで、衆参ねじれが起こった。

民主党は政権奪取を視界にとらえた。一方の自民党は民主党つぶしに躍起となる。それが十一月の大阪市長選にも投影した。

民主党は關支援派の旧民社党系の動きを押さえ込み、独自候補の擁立で突っ走る。平松担ぎ出しで動いたのは、民主党大阪府連代表だった平野博文（後に官房長官。現立憲民主党代表代行）である。一五年まで計七期、大阪市議を務めた福田賢治（元民主党系市議団幹事長）が内幕を口にした。

「平松さんは長い間、毎日放送の夕方の番組に毎日、出演していて名前が売れていた。ですが、自民党候補ではなかったので、関経連の役員を視野に入れていた毎日放送の会長が、役員室長だった平松さんの出馬に難色を示していた。交渉した平野さんがあえて担ぎ出したのです」

橋下を支える地域政党誕生

二カ月後の〇八年一月に橋下府知事が誕生する。翌〇九年、大阪の自民党で、「旧来型の自民党政治ノー」「橋下路線支持」を主張する府議のグループが決起した。松井らの自民党・維新の会と、浅田たちの自民党・ローカルパーティーは予定どおり合流する。一〇年四月一日、自民党から独立し、府議二二人で府議会の新会派「大阪維新の会大阪府議会議員団」を立ち上げた。

十九日に大阪府選挙管理委員会に届け出る。大阪維新の会が政党として発足した。

メンバーは浅田、松井、今井ら大阪府議二七人、大阪市議一人、馬場伸幸（現日本維新の会幹事長・衆議院議員）ら堺市議五人の計三三人だった。橋下与党として誕生した党である。代表に橋下が就任し、幹事長が松井、政調会長が浅田という布陣で船出した。

橋下とそれを支える地域政党という維新の体制が出来上がった。橋下は比類のない発信力と突破力で、次々と改革に挑戦する。大阪の「橋下劇場」は全国で注目を集めたが、実行する改革プランの多くは、浅田とのキャッチボールで練り上げられた案だった。

橋下、松井、浅田らは結党前の〇九年暮れから一〇年春にかけて、他党の議員に参加を呼びかけたり、引き抜き工作を展開して、人材確保と多数勢力の結集を狙った。最初は「二重国籍」、つまり他党の党籍保持者の参加も容認した。

大阪維新の会著・浅田均編『図解　大阪維新――チーム橋下の戦略と作戦』は、「『大阪を再生させる』という1点で志を同じくする人であればいい、国政に関する考え方は問わない、という姿勢だった」と解説している。

橋下らが政党・維新の結成に向けて舵《かじ》を切った一〇年初めという時期は、大阪府と大阪市の水道事業一元化問題がこじれ、橋下と大阪市長の平松の関係が「蜜月」から「絶交」に転じたときだった。府と市の二元行政・二重行政の打破に照準を合わせる橋下は一〇年一月、「ワン大阪」の方針に基づいて大阪都構想を宣言した。維新流の「大阪再生」プランの根幹は、府・市統合を目指す大阪都構想の実現であった。

一方で、橋下や松井や浅田は、結党の準備段階で自民党大阪市会議員団の中の一つのグループに目をつける。一〇年四月初め、接触を試みた。

朝日新聞大阪社会部著『ルポ　橋下徹』によれば、新党参加を呼びかける橋下たちが、大阪市内の新世界にある温泉施設「スパワールド」の和室で、市議の太田勝義（元自民党大阪府連幹事長）が率いるグループの市議九人と面会した。

現在、「反維新」のリーダーとして知られる川嶋広稔（後に自民党市議団副幹事長）は、「向こうと話し合いをするから来い」と言われて出席した。川嶋が証言する。

「相手側は橋下さんと浅田さんと松井さんがいて、私と橋下さんで議論になりました。都区制度は、地方交付税制度から行くと、おかしな制度で、大阪市民への行政サービスが間違いなく落ちます。都構想は制度的におかしいから、いくらでも論破できる、と私は思っていました。橋下さんは『都構想をやりましょうよ。とにかく一緒にバスに乗って、それから考えましょう』と、そればっかり。中身の議論は何もありませんでした。私は最初から全く行く気がなかったので、話はここで終わりました」

「大阪秋の陣」も完勝

自民党には「維新流政治ノー」と唱える議員もいたが、長く続く大阪の閉塞感と停滞感の打破という主張、「橋下人気」への期待感は強かった。維新参加者が続出する。大阪維新に加わった府議二二人の内訳は、自民党一九人、民主党一人、諸派二人だった。自民党は全府議四九人の約四割が維新に加わった。

維新結党の三カ月後、自民党大阪府連は、維新参加者に対して離党勧告や除名の処分を決める。その結果、四五人が自民党を離党した。

結党一年後の一一年四月、統一地方選を迎える。維新は「大阪春の陣」と唱え、党勢の行方を占う最初の決戦と位置づけて選挙に臨んだ。

四月十日に投票が行われた大阪府議選、大阪市議選、堺市議選で好成績を収めた。府議選ではいきなり過半数を獲得する。大阪と堺の市議選では第一党に躍り出た。

大阪市議選で、後に衆議院議員を経て大阪市長、大阪府知事となる弁護士の吉村洋文が初当選した。政界入りの経緯と理由を、吉村が述べる。

「大阪で法律事務所を開設した後、私が顧問弁護士をやっていたプロダクションの社長から、歌手でタレントだったやしきたかじんさんを紹介され、個人的な顧問弁護士になりました。やしきさんは橋下さんと親しかった。その後、大阪維新の会結成の人集めをやっていた橋下さんから大阪の改革構想を聞きました。それで、やしきさんから『選挙をやったら』と言われたのです。大阪で生まれ育って大阪をよくしたいという思いがありましたので、チャレンジしてみるかと思いました」

府下の市長選でも、一一年四月に吹田市、八月に守口市で「維新市長」が誕生した。

他方、大阪市の平松市長との対立が決定的となった橋下は、維新による「大阪府・市の掌握」を企図した。平松市政を打倒するため、一一年十一月の市長改選期に合わせて府知事を途中辞任する。自ら市長選に挑戦する作戦を選択した。

空席となる大阪府知事の後任選出の選挙も実施となる。それと合わせて、十一月二十七日に府知事選・大阪市長選のダブル選挙が設定された。二ポスト独占をもくろむ維新は「大阪秋の陣」と呼んだ。

維新では、橋下の後任知事に誰を担ぐかが問題となった。松井が自ら告白した。

「浅田さんを知事に、と僕は思ったが、既得権を打破して府・市対立の壁を突破する相棒として、橋下さんが松井とやりたい、と言ったので、僕が出ることになりました」

そのとき、浅田は府議会議長だった。笑いながら思い出を口にした。

「こういうときは、前へ前へと突き進む松井さんのほうがいいと言って、僕が橋下さんと相談して決めました。『向いていない。堪忍してくれ』と言う松井さんをねじ伏せて口説いた感じです」

「秋の陣」も、維新は完勝した。大阪市長選は、約七五万票の橋下が、民主党と自民党と共産党が支持・支援する平松に約二三万票の差をつけて当選した。知事選も、松井が約二〇〇万票を獲得し、民主党と自民党が支援・支持する二位の倉田薫（元池田市長）に八〇万票の大差で勝利して知事の座を守った。

第3章

「大阪都構想」誕生と国政進出

都構想は維新の発明ではなかった

大阪府知事となった橋下徹は二年後の二〇一〇（平成二十二）年一月十二日、大阪府と大阪市の二元・二重行政の打破を目指して大阪都構想への挑戦を宣言した。四月に地域政党・大阪維新の会を旗揚げし、代表に就任した。

都構想は大阪維新の会著・浅田均編『図解 大阪維新――チーム橋下の戦略と作戦』によれば、集権化、分権化、民営化の三つの要素の組み合わせであった。

集権化は「大阪府庁と大阪市役所の統合による、広域的かつ長期的視点に立った都市戦略の実行」、分権化は「人口267万人を擁する巨大な大阪市域を8～9つに分けて特別自治区を設立」「地域密着型で教育・福祉などの行政サービスを展開」、民営化は「公共サービス事業を市役所本体から切り離し、別法人化」という方向の構想である。

手順とスケジュールについては、「3つの手続きが必要」と訴え、第一に法改正、第二に大阪府議会と大阪市議会の議決、第三に大阪市と堺市での住民投票、と説いている。

都構想は大阪市役所を廃止して、新たに基礎自治体となる特別区を設置するプランだが、それには法律改正が不可欠だった。現行の地方自治法には、第三条二項に「都道府県の名称を変更しようとするときは、法律でこれを定める」、第二八一条一項に「都の区は、これを特別区という」という規定がある。特別区を設置できるのは都だけで、大阪府から大阪都への名称変更は法改正が必要という制限があった。

つまり、都構想に挑戦するには、現行法を改正するか、現行法の例外を認める特例法を先に国会で成立させる必要があった。

大阪維新の会結党から一年七カ月が過ぎた一一年十一月二十七日、府知事を辞任した橋下が大阪市長選に挑戦する。同じ日の後任選出の府知事選に出馬した松井一郎と合わせて、市長と府知事のダブル選挙を制し、橋下市長・松井知事の維新コンビが誕生した。

両者は足並みをそろえ、府・市の統合に向けて動き出す。一一年十二月、共同で大阪府市統合本部を設置し、統合の検討作業を開始した。

維新の最大の達成目標である大阪都構想は、〇八年二月の橋下府政発足後、一〇年一月に橋下が唱え始めた大阪府・市一体化プランだが、アイデアは維新の発明ではなかった。

府と市の二重行政の解消や広域都市行政を目指す構想の歴史は古い。戦後間もないころから「大阪産業都」「大阪新都」「スーパー政令市」「特別自治市」など、さまざまな案が飛び交ってきた。

橋下登場の前、大阪に大阪府と大阪市の二つの巨大な地方自治体が並立していることの問題点に気づき、弊害を克服しなければと思い始めた知事がいた。橋下の前任者で、二〇

○○年二月から○八年二月まで在任した太田房江である。知事時代を振り返って、太田が思いを語った。

「府と市の両方が、ああでもない、こうでもないと言っているうちに、スピード感が失われます。出身の通産省で経済の効率性を教え込まれたこともあって、二つを一つにしなければ、と分かってきました。いろいろアイデアを出して、あれこれとやってみたけど、どうしても大阪市とうまく行きません。これではとてもグローバルな競争に勝てない。これは一人で決めて一人で走らなければ、と思い、『大阪新都構想』ということになりました」

府・市対立の歴史

大都市制度の改革問題は、大阪では長い歴史を背負った古くて新しいテーマであった。大阪経済法科大学教授の西脇邦雄(元大阪府議)執筆の論考「大阪都構想の歴史的考察――特別市制定運動とその挫折の実証的研究」によれば、戦後、太田知事時代以前、大阪では大都市制度をめぐって二回、府と市の大きな対立の動きがあったという。

一回目は敗戦直後の地方自治法制定による特別市制度の誕生が引き金だった。

「特別市の個別の指定を行う段階で、府県から一番税収の多い大都市が独立するのを必死で府県側が阻止した。大阪府も大阪市の拡張をおそれ、大阪産業都の決議を行い周辺市町村の大阪市への併合を妨害した。これが戦後の一回目の対立である」

二回目は一九六九年に大阪市長の中馬馨（元大阪市助役）が唱えた「大大阪市構想」をめぐる衝突であった。砂原庸介著『大阪――大都市は国家を超えるか』が解説する。

「地方制度調査会などで展開された中馬の主張の核心は、大阪市が大都市として小さすぎるというものである。（中略）他の政令指定都市と比較すると大阪市の面積は非常に小さい。隣接一〇市を併せても、まだ京都市よりも小さく東京の特別区部と同程度だというのである。大阪市が狭すぎて飽和状態にあるために、周辺の衛星都市の人口は急増し、周辺の市町村から大阪市への昼間流入人口は一〇〇万人を超えていた。この人口流入に対応するために、大阪市は大きな負担を抱え込んでいた。この問題の解決策として提示されたのが、大阪市の市域拡張である」

これに対して、大阪府知事だった左藤義詮《さとうぎせん》（元防衛庁長官）は、反対に大阪府を軸とする広域行政を説いた。左藤の論説を、砂原は併せて紹介する。

「都市問題の重点が衛星都市に移りつつあり、大阪市を超えた広域的な行政こそが重要であると主張する。そのときに中心となる概念は『機能分担』である。大阪府が中心となって策定した『大阪地方計画』のような広域の計画に基づいて、大阪市は大都市圏の中心として市内の再開発を行い、衛星都市は中心部の過密性を緩和する都市整備が必要であるという考え方である。そして、中馬による市域拡張の提案に対しては、基礎的な自治体として住民に密接な行政サービスを提供するという機能が果たせなくなると批判した」

大阪府と大阪市の対立の第三幕が、太田と大阪市長の磯村隆文の論争であった。太田の大阪新都構想に対して、磯村は「スーパー指定都市」を提唱した。太田が説明する。

「磯村さんが言ったのは、大阪をもっとグレーターにして、周りの豊中市とか、全部引っくるめて指定都市にする構想です。私の新都構想は、今の大阪都構想とほぼ同じ。源流は私だと思います。大阪市を特別区にする。将来の道州制のとき、州都になれるくらいの力を蓄えようとするなら、府と市がいつまでも対立していないで、一つの方向を目指して足並みをそろえてやっていくほうがいいと思いました」

後に維新の会が推進することになる大阪都構想と、太田の新都構想の違いはどこか。太田が続ける。

「一つは財源ですかね。維新が最終的に狙っているのは、大阪全域を大阪都にして、国からの財源は全部、大阪都に入れることでは。私はここが膨らむと、結局、地方分権に反すると思います。もう一つは、大阪市を特別区に分けるとき、私は四つでなく、基礎自治体にふさわしい人口約三〇万人の単位で一三くらいにして、ばらばらにならずに、住民サービスがすべての自治体で施されていくように、財政調整も含めてやっていくという優しい発想です」

太田が知事になったとき、大阪新都構想の知恵を授けた人物がいた。太田が漏らした。

「初当選して、自民党を回ったとき、『大阪の知事をやるなら、大阪都構想みたいなものをやらなければ。東京に負けずに頑張ろうというときには、都に財源が集中する形を作っておかないと、うまく行かないぞ』と言われました。私の通産省の先輩の細田先生です」

発案者は自民党最大派閥の細田派を率いる元幹事長、元官房長官の細田博之（元通産省産業政策局物価対策課長）であった。

都構想の原案は浅田

他方、大阪府庁の中からも、府と市の二重行政打破を目指す都構想案が浮上した。太田の下で副知事を務めた梶本徳彦が打ち明ける。

「都市として大きすぎる権限を持つ大阪市と大阪府が互いに競争して、無駄な投資とか、地下鉄の延伸問題のように府域と市域が壁になるとか、問題がありました。両者が合体すれば、政策がスムーズに行くという狙いで、構想が出てきたのです。大阪府の地方自治研究会で、小西禎一《こにしただかず》さんが大阪府の課長時代にまとめ、それを私が関経連などに行って説明したりしました」

大阪府地方自治研究会は、地方自治制度に関する諸問題について、専門的見地から有識者の議論や提言を得て研究を進めてきた機関で、一九五一年に発足し、二〇二〇年に廃止となった。元大阪府副知事の小西は後に一九年四月の府知事選に自民党、公明党、連合大阪の推薦を受けて出馬したが、直前まで大阪市長だった吉村洋文との戦いで敗北した。

太田の下で練られた大阪府の新都構想は〇三年六月に中間報告、〇四年十月に最終報告として取りまとめられたが、日の目を見ずに終わる。磯村が唱えるスーパー指定都市構想との綱引きという壁を最後まで越えることができなかった。太田が述べる。

「新都構想はお蔵入りになりました。磯村さんに何回も相談しました。『やれるところからやってもいいよ』と言われたので、例えば府と市の水道事業を一つにしようとか、相談したのですが、大阪市会議員ががちがちの反対で、磯村さんから最後に『絶対に協力しない』と言われました」

〇八年に太田時代が終わり、代わって橋下が登場した。大阪都構想は橋下維新の手によって再び取り上げられ、脚光を浴びることになる。

その経緯を探ると、維新の中で、着想やプラン策定の中心的な役割を担ったのは浅田であった。維新のブレーンである上山信一が回顧した。

「知事となった橋下さんは大阪府と大阪市の関係など、いろいろな問題点に気づいた。〇九年の後半あたりに、浅田さんが橋下さんに二重行政の解消、府・市の一体化の話をかなりしていました」

府議時代から浅田の人物をよく知る大阪府庁の山口信彦（政策企画部長などを経て、後に大阪府副知事）が評した。

「大阪都構想の提唱も含め、行政の効率化など、浅田さんは、いつも一歩、先を見ていろいろと考えています」

結党メンバーの一人である大阪府議の岩木均が証言した。

「都構想という言葉を作って発信したのは橋下さんですが、都構想の原案というか、中身は間違いなく浅田さんの案だと思いますね。府と市を一つにしなければ成長戦略が描けないと結党のときから言っていましたから」

浅田は一九九九年四月の大阪府議選で初当選し、二〇一六年に参議院議員に当選するまで、一一～一四年の議長時代も含め、計一七年余、府議を務めた。府議初当選が四年遅れの後輩の松井と二人で二重行政問題に取り組んだ。

発想のきっかけは第一章でも触れた「大阪の衰退」という現実であった。浅田自身が振り返る。

「大阪は、低所得者が多く、生活保護の受給者の割合も大きいのに、調べてみたら、行政が無駄な施設をいっぱい造ったり、外郭団体に出費したりして、市民に還元される仕組みになっていないことが分かりました。大阪がもっと成長する仕組みを作るには、不要な二重行政を廃止して広域行政を一元化し、財源を生み出す必要があります。特別区を作り、広域行政と成長戦略の一元化で得られた果実を分配するというプランを、松井さんと二人で考えました。それが都構想の原型です」

橋下戦略に一肌脱いだ菅義偉

維新は大阪での準備態勢の整備と併せて、都構想実現の第一関門である法改正の道を探った。といっても、一一年の時点では、結党直後の維新は大阪の地域政党で、国政にはまだ足掛かりがなかった。衆議院議員だった松浪健太（現在は日本維新の会所属の大阪府議）が法改正の舞台裏を説明した。

「当時、私は自民党の議員でした。都構想の実現には法案が必要で、自民党は野党でしたが、それじゃあ率先して都構想のための大都市法という法律を作ろうじゃないかという話になりました。党内にプロジェクトチームができるわけですが、座長が現在の菅義偉首相、事務局長が私という布陣でした」

大都市法（大都市地域における特別区の設置に関する法律）は、道府県が地域内の大都市に特別区を設置する際の手続きなどを定める。この法律によって、地方自治法の規定にかかわらず、政令指定都市と隣接自治体の合計人口が二〇〇万人以上の地域は、市町村を廃止して特別区を設置できるようになった。

松浪は産経新聞記者の後、〇二〜〇三年と〇五〜一七年に衆議院議員を務めた。出発は自民党だったが、一二年九月に日本維新の会（旧）の結党に参加した。

〇五年の政界復帰時から道州制を強く唱え始めた。松浪は橋下を大阪府庁の知事室に訪ねたとき、「関西州」と書いた地方分権のポスターを見て意気投合した。それが橋下との交流の始まりだったという。

一一年十一月の大阪ダブル選挙の後、中央政界では十二月九日に臨時国会が閉会となった。この日に自民党内に大都市問題検討プロジェクトチームが設置され、座長に菅が就任した。

松浪の著書『大阪都構想2.0――副首都から国を変える』によれば、十二月十四日の初会合で、菅は「大阪のダブル選挙で民意が示された。大都市の問題をしっかりと議論し、大阪都を含めて党として、年内に方向性をまとめたい」と、迅速な対応を言明したという。

松浪が述べる。

「国会閉会中はほとんどストップというのが当たり前でしたが、菅さんが『年末までに形をつける』と言って、閉会後、メンバーを集めて数回、審議を行った。私はそんなことができるのかなと疑心暗鬼でしたが、菅座長のリーダーシップはすさまじく、すごい人だと思いました」

菅は自民党の選対総局長だった〇七年、党本部にやってきた橋下と顔を合わせた。以来、大阪での橋下の奮闘に着目してきた。

官房長官時代の一五年十月、インタビューで菅が橋下の印象を語った。

「改革意欲にものすごく富んでいる。改革の方向が私たちと一緒でした。捨て身で政治をやって実績を上げた。徹底して改革を進め、約束したことをやった。そこを私は高く評価しています」

菅は維新の都構想挑戦プランを知って、志を同じくする橋下のために、党の違いを超えて一肌脱ぐ気になったのだろう。それだけでなく、野党転落の自民党の中で、民主党政権誕生の原動力になった無党派層を大きく動かした民意に対して、敏感な感性を持つ数少ない政治家の一人だった。

大都市法成立のなぞ

プロジェクトチームで法案策定作業がスタートした。一一年十二月二十七日に中間報告を取りまとめる。年明けの一二年二月十七日には大阪維新の浅田政調会長と東徹総務会長の二人の大阪府議を東京の自民党本部に呼んでヒアリングを行った。

三月六日、自民党は総務会で法案の要綱案を了承した。九日、独自に検討を進めていた渡辺喜美代表（現参議院議員。元金融担当相）のみんなの党が参議院に法案を提出した。一方、自民党は十三日、友党の公明党との協議を開始する。案がまとまり、四月十八日、自公案が衆議院に提出された。

当時の与党の民主党や国民新党も前向きとなる。二カ月後の六月十二日、民主党と国民新党が共同案を衆議院に提出した。

各党の案は、地方自治法の改正（一般法）か新法（特例法）か、対象地域の都市の規模は人口二〇〇万人以上とするか、一〇〇万人以上か、七〇〇万人以上か、都の設置を認めるかどうか、対象地域での住民投票の要否は、といった点で違いがあった。といっても、歩み寄れないほどの距離ではなかった。松浪が続けて解説する。

「自公だけでは過半数に届かない。それで各党に持ちかけたところ、乗りましょうという話になり、国民新党、それに民主党からも二人が与野党協議の場に出てきました」

二人の民主党議員は逢坂誠二（当時は党副幹事長）と山花郁夫（当時は党選挙対策委員長代理）であった。

与党案と野党案で最も大きく違っていたのは、与党案は特例法で、野党案は一般法でという点だった。松浪が前掲の自書『大阪都構想2.0』で明かす。

「どうやら事の真相は、議員立法によって地方自治法を改正することに、官僚側で抵抗感が強まったということらしい。与党の立法作業が進む中で大都市法の成立が現実的となり、総務省はより高いレベルで大都市法に対する関与を強めたようだ。日本では、ほとんどの法律は内閣によって提出される『閣法』であり、各省の官僚によって起草される。国会における答弁は大臣を筆頭とする政務三役と各省の局長級の官僚によって行なわれる。一方、議員立法の場合は、議員が衆参の法制局と連携して起草し、答弁は提案者を務める議員が行なう。内情を探ると、『役所の中で、地方自治の最も根本となる地方自治法を議員の手で変更することに強い抵抗感が出た』ということらしかった」

法案一本化の与野党協議で、最終的に特例法の形式を取ることで合意が成立した。七月三十日、共産党と社民党を除く超党派による共同案の法案が国会に提出され、八月二十九日に国会で可決・成立した。

法案は成立したが、賛成した各党が大阪都構想に道を開く大都市法の制定になぜ協力したのか、なぞが残った。法案に賛成した各党はこぞって維新が目指す都構想を本当に支持し、実現を期待していたかというと、後の都構想への対応を見ても明らかなように、答えはノーであった。国会で法案成立に手を貸したのは、各党とも、一〇カ月前の大阪ダブル選挙圧勝など、大阪で支持を急拡大させる維新のパワーを見て、以後の各種選挙での維新票の取り込みも含め、党利党略に基づく別の計算と思惑が働いたのが隠れた理由だったのではないか。

安倍晋三との最初の接点

大都市法の準備が進んでいた一二年二月二十六日、大阪市西区北堀江の地下鉄西長堀駅前にあった大阪市立こども文化センターで、「教育再生民間タウンミーティングin大阪」と称するシンポジウムが開催された。

主催は日本教育再生機構大阪で、会長の遠藤敬（現日本維新の会国会対策委員長・衆議院議員）が、政権を再奪取する前の安倍晋三元首相を招聘した。浅田が解説する。

「このシンポジウムで、松井さんと安倍さんが意気投合したのです。その五年前の第一次安倍内閣は、『戦後レジームからの脱却』を唱えて教育改革や公務員制度改革に取り組みましたが、ほとんど実現できずに終わった。安倍さんは大阪維新の会が大阪府と大阪市でそれを実現した点を高く評価してくれました。それが安倍さんとの最初の接点でした」

日本教育再生機構は、ホームページによれば、「『教育再生から日本再生へ』を合い言葉に、教育を国民の手に取り戻したいという思いから、平成十八年に発足した団体」とのことである。「参加無料」をうたうシンポジウムのチラシによると、テーマは「大阪・教育基本条例の問題提起とは！」であった。

持病の潰瘍《かいよう》性大腸炎を抱える安倍は、〇七年九月に一度目の首相の座を降りた後、しばらく療養生活を送った。退陣から二年余が過ぎた一〇年初めごろから、健康不安が消え始める。将来、再び政権を、という気持ちを抱くようになった。二年後の一二年の年初、無役の一議員だった安倍に、大阪から教育シンポジウムへの出席要請が届いたのだ。

松井は一一年十一月の大阪府知事・大阪市長のダブル選挙で知事に当選して三カ月後である。シンポジウムで安倍と並んで壇上に着席し、対談した。

当時、堺市議で大阪維新の会の副代表だった馬場伸幸は、舞台のそでから観察した。目にした情景を思い浮かべる。

「日本教育再生機構大阪の中心は大阪府下の青年会議所で、会場に集まったのは、ほとんどがそのメンバーです。五〇〇～六〇〇人が座れるホールはその日、ほぼ満席でした」

終了後、遠藤が「打ち上げ会を」と声をかけ、夕食会となる。会場から車で数分の場所の居酒屋で、安倍、松井、遠藤、馬場、安倍側近の参議院議員の衛藤晟一《えとうせいいち》（後に首相補佐官）らがテーブルを囲んだ。馬場が続ける。

「僕らも、安倍さんに『ぜひ頑張ってほしい。教育の改革や日本の安全保障などをきちんとしなければ』と話をしました。意気投合し、濃密なつきあいが始まりました。安倍さんが自民党総裁選に出馬できないとか、出ても負けた場合、自民党を離党する人が出てきます。そのときは維新が組んで、新しい思想の改革政党を作ろう、という具体的な話がありました」

安倍をキャプテンにドリームチームを

教育シンポジウムの約半年後の一二年九月、橋下や松井や浅田は、大阪維新の会を母体にして、国政に進出する全国政党の日本維新の会（旧）を結成した。浅田が回想する。

「僕らは一二年初め、新たに維新を中核とする政治の『ドリームチーム』を作って日本再生に取り組みたいと考え、複数の国会議員に持ち掛けました。安倍さんとは、交流が始まった一二年二月以降、憲法など、いろいろな問題で話をしてきました。それで『ドリームチーム』のキャプテンにと考え、ずっとお願いしました。向こうには、これに乗ろうという考えと、自民党内で再チャレンジすべきという考え方の二派があり、後者が主流となってしまった。橋下さんも、安倍さんは連携するパートナーの選択肢の一つという認識を持っていましたが、どうしても安倍さんでなければという感じはありませんでした」

橋下や松井の依頼を受けて「ドリームチームのキャプテンに」という打診役を担ったのが、当時、みんなの党の代表だった渡辺である。第一次安倍内閣で規制改革・行政改革担当相を務め、安倍の信頼が厚かった。

渡辺は安倍本人と、安倍再擁立の主役となる菅に会って、「維新との連携」の可能性を確かめた。渡辺が振り返る。

「橋下さんや松井さんから、『自分たちが作りたいと思っている新政治勢力のヘッドに持ってきたい。話をしてほしい』と頼まれました。歌舞伎でいう『十八番』ができる役者が欲しくて、安倍さんに白羽の矢を立てたのです。私は一二年の五月か六月、安倍さん、菅さんと直接、会って話をしました。当時、自民党で安倍さんが復権すると思っていた人はいなかったが、二人は異口同音に『自民党の中で復権したい』と私に言いました」

実際に安倍は一二年九月の自民党総裁選挙で石破茂（後に幹事長）ら四候補を破って復権を果たした。渡辺が当時の自民党内の空気を述べる。

「総裁選で、安倍さんは党員投票では二位だったけど、国会議員の投票で引っ繰り返して総裁に返り咲きました。当時、大阪維新の会が大阪の全選挙区に候補を立てるとアドバルーンを上げていたので、これはたまらんなという自民党の人たちは、安倍さんが総裁になったら上手にやってくれるのでは、という思いで、安倍さんに票を入れた可能性がありました。そういう背景がよく分かっていましたから、その後も安倍さんと菅さんは橋下さんや松井さんとコンタクトを取ってきたんだと思いますよ」

安倍と菅は一二年五〜六月の段階で、九月の総裁選を視野に、復権のシナリオを想定し始めていたと思われる。橋下らの「安倍・維新合流計画」に関心を示さなかった。

全国政党の結成

安倍をトップに担ぐ維新のドリームチーム構想は絵に描いたもちに終わったが、橋渡し役を務めた渡辺が、維新や橋下との関係について語った。

「大阪維新の会が誕生したのはみんなの党がきっかけですよ。一〇年の参院選で、みんなの党が比例代表選挙で約八〇〇万票を獲得しました。それに触発されて、橋下さんから『一一年の統一地方選を一緒に』と申し入れがあり、これは私にとって渡りに船だったので、『大阪維新の会公認・みんなの党推薦』というジャンルを作って一緒にやったという経緯がありました。その後、維新が国政政党になるとき、みんなの党は政党のコンテンツを提供した。後に維新が党の理念と基本方針として打ち出すことになる『維新八策』は、みんなの党のアジェンダをかなり採用しています」

〇九年八月結党のみんなの党は、一〇年の参院選で一〇議席を獲得し、比例区では七九四万票を手にした。一二年、国政進出を目指す維新とみんなの党との合併プランが持ち上がったが、実現しなかった。渡辺が続ける。

「一二年八月、橋下さんが『みんなの党を解党して大阪維新に合流したら』と言ってきました。当時、みんなの党は地方議員が三〇〇人くらいいました。参院選でも約八〇〇万票をもらっていたので、『解党は有権者への裏切り行為になるので、できません』とお断りしました。落とし所は、合流ではなく、選挙での相互推薦といった形を考えていました。私がみんなの党の代表を降りた後の一四年九月ころ、橋下さんから『あのときのおわびを』という話がありました。ちょっと図に乗りすぎていたという反省を込めて、ということだったのでは」

そのころ、大阪府議会議長だった浅田が、みんなの党との協議の舞台裏を振り返った。

「政策面では問題がなかったと思います。一緒にやるのはよかったんですが、向こうは『みんなの維新』で『渡辺代表』みたいな形を打ち出しました。その後の一二年十二月の衆院選の結果を見たら、比例代表選挙で獲得した総得票は、維新が一二二六万票、みんなの党は五二五万票です。民意を受けて新しい党を作るのであれば、『みんなの維新』ではおかしいですよ」

都構想実現のための大都市法は成立したが、一方で、橋下を始め維新のメンバーは、国会に議席を持っていなかったため、民主党や自民党など、国政政党である他党の力を借りなければ、法律の改正も新法の制定も困難と思い知った。地域政党にとどまらず、国政にも参加して影響力を行使できる全国政党を立ち上げる必要があると認識したに違いない。

浅田が打ち明ける。

「僕らは国会に関しては素人で、国会の運営や政策実現の具体的な政治手法について、ノーハウがありませんでした。一二年の一月ごろから、安倍さんを担いで政治のドリームチームをと考えましたが、断られた。そこを補う必要があり、東京都知事だった石原さんを頭にして、という作戦に切り替えたわけです」

維新が安倍の代わりに、と白羽の矢を立てたのが石原慎太郎であった。参議院議員を一期、衆議院議員を九期務め、環境庁長官、運輸相などを歴任した後、一九九九年四月に東京都知事に転じ、四期で計一三年半、在任した。

一二年九月八日、大阪維新は国政進出を正式に決定した。党名は日本維新の会（旧）を名乗ることにした。二十八日、新党設立を総務省に届け出て受理される。代表は橋下、幹事長には松井が就任した。自民党の松浪、民主党の松野頼久（後に維新の党代表）ら他党の国会議員七人が結党に参加した。

翌二十九日、東京の元杉並区長の山田宏（現参議院議員）を党首とする日本創新党が解党して日本維新の会に合流した。

「維新八策」の成り立ち

維新は国政進出を決めたときから、国政政党としての理念と基本方針の策定作業を進めてきた。一四五年前の幕末の一八六七（慶応三）年、坂本龍馬が長崎から兵庫に向かう海上で「船中八策」と呼ばれる八カ条の新国家構想を土佐藩士の後藤象二郎に示した。それにならって、「維新八策」と名づけた。

維新八策は新党設立の一六日前の二〇一二年九月十二日に発表された。「八策」は、①統治機構の作り直し、②行財政改革、③教育改革、④公務員制度改革、⑤社会保障制度改革、⑥経済政策・雇用政策・税制、⑦外交・防衛、⑧憲法改正の八項目である。地方分権型国家、首相公選制、道州制、国会一院制、最低生活保障制度、競争力強化、成長戦略といったキーワードが並ぶ。

松井は維新八策の策定の中心人物について、「政策はずっと頭脳明晰の浅田先輩です。維新八策も取りまとめてくれました」と明言した。浅田が自らポイントを補説する。

「基本的な価値観は、都市間競争に勝ち抜く都市を作っていくという点です。競争に耐えうる都市がいくつかできて、それが日本を支え、引っ張っていくというのが、これからの日本の形だと思っています。だから、八策の最初に統治機構の作り直しをうたいました。そこに一番力を入れたいと思っています」

八策の成り立ちについて、浅田が一言、注釈を加えた。

「小泉純一郎内閣から第一次安倍内閣の時代に竹中平蔵さんの周りにいた渡辺さん、古賀茂明さん、高橋洋一さんといった人たちと、考え方や価値観のかなりの部分が重なっています。維新八策も、こちらで考えている部分と、そういう方々の知恵を借りて構成されている部分があります」

小泉内閣時代に構造改革路線を推進する首相の「最大のブレーン」といわれた経済学者の竹中は、阪大教授、慶大教授の後、小泉内閣で経済財政政策担当相、総務相、郵政民営化担当相を引き受け、参議院議員も一期務めた。小泉内閣が終わった後、政界を離れ、現在は慶大名誉教授、東洋大学教授のかたわら、実業家の顔も併せ持っている。古賀は経産省出身の評論家、嘉悦大学教授の高橋は財務省出身の経済学者で、菅義偉内閣では内閣官房参与も務めた。

戦後の政党史をたどると、「はじめに」でも述べたとおり、二大政党体制が始まった一九五五年以降、国会に議席を持った政党は合計七〇以上だが、特定の地域を基盤にする政党は数少ない。その中で、結党後一一年を超えて存続しているのは、本土復帰前から存在する沖縄の政党と北海道の新党大地を除けば、維新だけである。「日本での地域政党の唯一の成功例」と評する人も多い。

「長続き」も異例だが、特筆すべきは、政党の組織や運営、意思決定の方法など、党の構造も、旧来型の政党とは別の形を追求し続けている点である。浅田が説く。

「これまでの中央主導の地方分権ではなく、目指しているのは、地方主導の本当の地方分権です。他党は政党の構造も中央集権党。東京で決めて、地方に対して『従え』というやり方ですが、それでは住民の声を政治に反映させられません。地域主体の地域政党を作る必要があると思いました。ですから、うちは党内の構造も分権型で、国会議員と地方議員は同等です」

「維新の頭脳」として、浅田が果たしてきた役割と使命について、上山が解説した。

「浅田さんの一番すごい点は、政党が中央集権である限り、大阪の改革はできない、地域政党にしないとだめだという信念ですね。地域政党という原理主義を、自身の理論に基づいて言い続けてきた点が極めて大きい」

第4章　橋下退場

太陽の党と合流

維新の宿願は大阪都構想の実現であった。目標達成のために、維新は国政進出を目指した。国会で自民党、民主党と並ぶ第三極作りを企図した。

国政進出に際して、安倍晋三の次に、東京都知事だった石原慎太郎に狙いをつけた。維新で石原との連携に熱心だったのは橋下徹である。橋下の石原に対する傾倒と信頼の度合いは想像以上だった。浅田均が記憶をたどる。

「維新と石原さんというよりも、もともと大阪府知事だった橋下さんと東京都知事の石原さんとの個人的なつきあいからです。具体的には東京都が公会計制度を導入し、それを大阪府も導入したいので勉強させてほしいと言ったのがきっかけだったと思います」

東京都は石原知事時代の二〇〇六（平成十八）年四月から、従来の単式簿記・現金主義会計の官庁会計に、複式簿記・発生主義会計の考え方を取り入れた新しい公会計制度を導入した。橋下は手本にと思い、教えを請うた。浅田が続ける。

「以後、石原さんとは折りに触れて都市のあり方に関して話をさせてもらいました。僕らは大阪府・市の二元行政、二重行政の解消によって大阪の発展に道筋をつけるというシナリオを描いていましたが、一九四三年から都制がしかれた東京は、逆の意味で都と特別区の間に問題があります。大阪の都制導入と東京の特別区問題の解消の両方を一緒に考えることができるのでは、といった話をしてきました。ほかにも、石原さんは維新政治塾にすごく関心を持ってくれて、知事時代の二〇一二年六月ごろ、講師で行くよ、と言って来てくれました」

石原は一二年十月三十一日に都知事を辞任した。橋下は石原が率いていた太陽の党との合流を決めた。

石原は都知事辞任後の十一月十三日、平沼赳夫（元経産相）が代表の政党「たちあがれ日本」と合体して太陽の党を結成し、平沼とともに共同代表に就任したが、四日後の十七日、日本維新の会に合流した。石原が代表となる。十一月に結党したばかりの日本維新の会の代表だった橋下は、代表代行に転じて、石原を補佐する形を取った。幹事長は松井一郎が続投した。

たちあがれ日本で参議院幹事長だった片山虎之助（現日本維新の会共同代表。元総務相）は、平沼とともに太陽の党を経て維新に移った。石原の維新合流について回想する。

「太陽の党が維新と合併するとき、私も平沼さんも賛成ではなかった。だけど、石原さんが『小さい党では意味がない。大きな勢力にならないとだめだ』と言いました。確かにそうだと思いました。橋下さんも消極的だったし、こっちも抵抗がありましたが、一緒になったわけです」

橋下も消極的だった、と片山は明かしたが、実際は橋下ら維新側に、太陽の党との丸ごと合体に難色を示す声が強かった。石原の入党・参加は歓迎だが、旧たちあがれ日本の出身者の合流には抵抗感あり、と受け止めた人も少なくなかった。

初の国政選挙で大躍進

石原代表、橋下代表代行の日本維新の会は結党の二カ月半後、初の国政選挙を迎える。民主党政権の野田佳彦首相が、石原の維新合流の前日の十一月十六日に衆議院を解散し、十二月十六日に総選挙が実施された。

「石原代表・橋下代表代行・松井幹事長」の体制で選挙に臨んだ日本維新の会は、初の国政選挙でいきなり大躍進を遂げた。解散時の議席数は民主党二三〇、自民党一一八、維新一一だった。選挙での獲得議席は、自民党の二九四、民主党の五七に対して、維新は五四議席を手にした。解散時と比べて、約五倍増と勢力を大幅に伸ばした。安倍が率いる自民党は政権奪還に成功し、民主党は野党転落となったが、維新は民主党との差がわずか三議席の第三党に躍り出た。

大阪府の一九の小選挙区では、一四の選挙区で候補を擁立し、一二勝二敗だった（当選しなかった二人は重複立候補した比例代表選挙で当選)。国政政党の日本維新の会の出発点である大阪維新の会からは、一区の井上英孝(元大阪市議)、一三区の西野弘一(元大阪府議)、一五区の浦野靖人(元大阪府議)、一七区の馬場伸幸(元堺市議)の四人が小選挙区で当選し、国会進出を果たした。馬場によれば、最初の狙いは「大阪都構想実現のために国政に足を掛けておかなければと考え、大阪府、大阪市、堺市の三議会から最低一人ずつ、とりあえず先遣隊として国会に」ということだった。

総獲得議席数と並んで注目を集めたのは、全国の比例代表選挙での総得票数であった。約九六三万票の民主党を二六三万票も上回り、自民党の約一六六二万票に次いで第二位の約一二二六万票を集票したのだ。

比例代表選挙の東京ブロックで石原、近畿ブロックでは元宮崎県知事の東国原英夫が議席を手にした。

同時に、渡辺喜美が中心となって〇九年八月に結党したみんなの党も、八から一八に、議席を二倍強に伸ばした。みんなの党も、構造改革に挑戦するために第三極を構想して、一度は維新との連携に傾斜し、合流の協議まで進んだが、合体計画は日の目を見ず、維新は最終的に石原グループとの合流に行き着いた。維新とみんなの党の合体による第三極作りに失敗した渡辺は、一二年十二月の衆院選の結果を見て悔しがった。

「維新が太陽の党と合併せずに改革路線を貫いていれば、恐らく一〇〇議席をはるかに超えたと思います。みんなの党は維新に票を食われましたが、それがなければ、われわれも三一議席の公明党を超える勢力になっていたはずです」

参院選で野党の足並みそろわず

政権交代で自民党と公明党の連立の第二次安倍内閣が発足して一ヵ月が過ぎた一三年一月十九日、維新は石原と橋下の共同代表制に移行した。浅田が明かす。

「石原さんは合流の当初から『共同代表でやりたい』と提案していましたけど、橋下さんはああいう性格ですから、『先輩は立てなければ』と言って、『自分は一歩引いて、代表代行に』と申し出たのです。その結果、橋下さんがメディアやプレスに出る機会が、想定よりもはるかに少なくなってしまいました。選挙戦術の上で不利だと分かったので、それで共同代表に」

合流から四ヵ月後の三月三十日、日本維新の会は大阪で結党大会を開き、新綱領を発表した。「基本となる考え方」として、「占領憲法の大幅改正・真の自立」「自立する個人・自立する地域・自立する国家」「自治・分権による国家運営」などを打ち出した。

「占領憲法打破」は、石原が「譲れない一線」と一貫して唱えてきた路線であった。維新も憲法改正には前向きだったが、理念や方向性では距離があった。合流のために石原側の顔を立てたのは間違いない。合流の直後、浅田が弁明した。

「太陽の党との政策協議で、『維新は変わったのでは』と言われた一番の点が、自主憲法制定と原発政策でした。僕らは『脱原発依存』を言ってきましたが、打ち出し方を弱めました。一方で、『自立する個人・地域・国家』を理念として掲げていますから、自主憲法制定は『自立する国家』から導かれるという考え方です。憲法改正も、九条二項を前面に出すのではなく、まず改憲の発議要件のハードルを下げる九六条の改正です。僕たちは参議院の廃止、首相公選制、条例の上書き権などを唱えていますが、それには改憲が必要で、その意味で九六条を変える必要があると主張してきました」

　橋下は共同代表に就任し、「維新の顔」のポジションに戻ったが、総選挙大勝による第二次安倍政権の誕生以後、「一強八弱」の与野党の状況の下で、野党側は沈滞ムードに覆われた。安倍内閣では、提唱する安倍流経済政策の「アベノミクス」が牽引車の役割を果たし、株高と円安が進んだ。その影響もあって、低空飛行の野党とは対照的に、安倍内閣と自民党は高支持率を維持した。

　自民党の政権奪還以後、中央政治での次の焦点は、一三年七月の参院選で与党が過半数を獲得するかどうかであった。政権交代には成功したものの、一〇年の参院選の後、参議院では、与党の自民党と公明党の合計議席は過半数に一九議席、不足している。

与党の過半数獲得阻止には野党側の共闘が不可欠だったが、民主党、日本維新の会、みんなの党の主要三党の足並みはそろわなかった。野党側は「一強八弱」の打破のきっかけをつかもうと懸命だったが、民主党は総選挙で再起不能と思えるほどの大敗を喫した痛手からの立ち直りは簡単ではなかった。第三極を目指した維新やみんなの党も誤算だらけだった。

「一強」の独走を阻むには、野党優勢の状況が続く参議院を武器に、国会審議で政府・与党に戦いを挑む一方、一三年七月の参院選で、与党による過半数奪回を阻止するのが野党再生の近道である。

一三年一月の時点で、参議院の過半数は一二二だった。自民党と公明党の非改選議席の合計は五七で、七月の参院選の結果、選挙後の両党の合計議席が過半数を超えるには、六五議席の獲得が必要だった。野党側の非改選議席の総数は六二で、五九議席を確保すれば与党の過半数獲得を阻止することができた。

自民党と公明党以外の党が過去、参院選で獲得した議席の合計は、二〇〇一年が四四、〇四年が六一、〇七年が七五、一〇年が六一であった。勝敗を見ると、選挙区選挙のうち、定数一の「一人区」が決め手となっていたことが分かる。

野党勢力の一人区での星取りは、〇一年が二勝二五敗、〇四年が一三勝一四敗、〇七年が二三勝六敗、一〇年が八勝二一敗だった。次の一三年の参院選で、野党側が五九議席を確保するには、一人区で最低でも七～八勝する必要があった。

そのためには、野党共闘の成否がポイントとなる。一二年十二月の衆院選で、自民党は議席数では全三〇〇の小選挙区のうち、二三七を占めた（議席占有率七九パーセント）。ところが、小選挙区全体の得票率は四三パーセントにすぎなかった。自民党の大勝は、民主党と第三極の政党の並立による共倒れに助けられた点が大きかった。

橋下が国政関与終了宣言

野党側は次の一三年の参院選で、一二年衆院選での「失敗の教訓」を生かして共倒れを防ぎ、自民党の勝利を阻止できるかどうかが勝敗のかぎとなるが、野党各党の共闘への取り組みは鈍かった。民主党は衆院選大敗の傷が大きすぎて、党再生がままならず、他党との共闘どころではないという状況だった。維新とみんなの党の亀裂も大きかった。

維新とみんなの党は、路線や政策で一致点が多く、合同話も飛び交ってきたが、溝は埋まらなかった。橋下が「渡辺代表は大人の政治家に」と言えば、渡辺が「その言葉はそっくり橋下市長にお返しする」といった応酬が、衆院選後も続いた。

衆院選の前の一二年十一月の日本維新の会結党時、みんなの党の参議院議員三人が維新に合流した問題も尾を引いた。それ以上に、みんなの党の「維新不信」を増幅させたのは、路線も政策も隔たりが大きかった石原グループの太陽の党と維新の合体であった。

渡辺は維新が太陽の党を飲み込んだ点について、「容認できない。維新との合流はありえない。参院選での自民党圧勝阻止は、選挙区のすみ分けで」と断言した。一三年五月二十一日には、ついに維新との協力関係の解消を発表した。

民主、維新、みんなの党の三党共闘は視界ゼロであった。そのために安倍政権は高枕でいられた。野党側の不協和音で、与党側からの野党分断作戦が効果を発揮するため、国会対策も参院選対策も自由自在だった。

野党共闘が進まない最大の理由は、野党第一党の民主党が政権担当時代以来、路線や政策の不一致を放置して数を増やすだけの「ごった煮政党」の弱点を克服できず、その一方で、維新やみんなの党が「民主党の失敗の教訓」を強く意識し、路線と政策の重視という「純化政党」の道にこだわり続けた点であった。渡辺は「民主党の二の舞い」を強調し、「同じ愚を繰り返したら多数派形成そのものが不可能になる」と説いた。

他方、維新は、大阪での都市改革を最優先に、大阪都構想重視の独自路線を唱え、国政での野党共闘は二の次という姿勢を崩さない。こちらも大阪の地域政党のカラーを強く残す「純化政党」であった。

一二年の衆院選で飛躍を遂げた維新は、一三年の参院選を視野に、勢力拡大を狙って各地の地方選に積極的に参戦したが、結果は芳しくなかった。一三年四月の兵庫県の伊丹市と宝塚市の市長選で、公認候補が共に大敗する。六月の東京都議選も、代表の石原のおひざ元なのに、一減の二議席止まりと完敗した。

政党支持率も失速した。時事通信の一三年一月調査では、民主党の五・三パーセントと並ぶ四・六パーセントを記録したが、五月調査は一・九パーセントだった。

七月二十一日、参院選が行われた。維新はこの選挙も振るわなかった。当選者は八人だが、比例区の得票数は約六三六万票で、七カ月前の衆院選の半分強に落ち込んだ。

選挙後、橋下と松井が辞意を表明した。石原らが続投を主張し、二人は撤回したが、橋下は以後、「国政は国会議員団に全面的にゆだねる」と国政関与終了を宣言した。

じり貧に陥った国政政党の維新がどうやって活路を見出すかが課題となる。一つの道は、ほかの地域政党との提携であった。「日本一愛知の会」（二〇年十二月設立）代表の愛知県知事の大村秀章（元衆議院議員）や、「減税日本」（二〇年四月設立）を率いる名古屋市長の河村たかし（元衆議院議員）などとの連携行動や共闘協議が一一年から本格化した。

「これからは中央集権の時代ではなく、地方が国を引っ張っていく。元気な地方を作る必要があるということで、東京都知事だった石原さんと首長連合の形を取り、大村さんや河村さんとも結びついて、大都市連合で大都市から日本を変えていくことにしました」

一三年一月、浅田がそこまでの動きを回顧し、「大都市連合」の出発点を解説した。

「維新の党」発足

橋下は国政不関与を表明したが、維新は以後も国会での第三極作りを模索し続けた。

維新に背を向けたみんなの党では、参院選の後、党運営や野党再編問題などが原因で、代表の渡辺と幹事長の江田憲司（現立憲民主党代表代行）の確執が表面化した。維新の国会議員団幹事長だった松野頼久と江田が無断で会談したことを知った渡辺が、八月七日の両院議員総会で江田解任を提案する。幹事長更迭となった。

江田は安倍内閣が十月に国会に提出した特定秘密保護法案に対する渡辺の対応を与党寄りと批判して、十二月八日に離党した。十八日、離党組の衆参の一五議員で結いの党を結成する。江田が代表に就いた。

結いの党は政界再編を志向した。維新は一四年一月から結いの党と政策協議を開始した。

ところが、維新の内部で、結いの党との合体に前向きの橋下ら大阪維新系と、結いの党を「護憲政党」と批判する石原グループとの路線対立が顕在化した。けんか別れを回避したい橋下は、懸命に「円満離婚」の道を探る。六月二十二日、分党決定で決着を図った。

七月三十一日、日本維新の会（旧）は解党した。「元大阪府知事・元東京都知事」の橋下と石原の蜜月は一年八カ月で幕となった。

石原グループは八月一日、次世代の党を結成する。党首には平沼が就任した。

二日後、日本維新の会の残留組と結いの党は新党設立準備会を設立する。九月二十一日、新党の「維新の党」が発足した。橋下と江田が共同代表に就任した。

維新と合流した旧太陽の党のメンバーで、片山は一人だけ、石原らと行動を共にせず、維新の党に残って総務会長となった。橋下の発言力と突破力と宣伝力を高く評価する片山が、残留の理由を述べる。

「一四年七月の分党のとき、先行して四月に参議院で旧結いの党と統一会派を作りました。私が会長になり、両党の計一一人の議員で仲良くやってきたので、ばらばらになるのはつらい。また分かれて元に戻るのはみんなのためにならないと思ったから、平沼さんに断って、私は維新に残りました」

石原グループと分かれた後の維新は、野党側に立って、野党勢力の大同団結を推し進める方針と映った。維新の政調会長として、みんなの党や結いの党との政策協議の中核だった浅田に、維新の党結成後もみんなの党との合同を視野に入れて交渉する計画かどうか、質問した。浅田は「一緒にやりたい」と認め、一言、言い添えた。

「それに、望むらくはプラス民主党の一部も。対民主党で、僕は民主党の何人かの国会議員と定期的に意見交換しています」

浅田は民主党政権で官房副長官を務めた松井孝治（元参議院議員。後に慶大教授）を通じて松本剛明（元外相。現在は自民党所属の衆議院議員）と知り合った。定期的に意見交換する民主党議員として、浅田は松本らの名前を挙げた。エネルギー問題を取り上げ、「民主党の細野豪志さん（元幹事長。元環境相）のグループ、前原誠司さんとは考え方が極めて近い」と明かした。

その上で、民主党議員との接触について、「橋下代表の耳に入れ、了解を得ている」と付け加えた。路線や政策では、与党とも野党とも一線を画する「ゆ党」のイメージの維新だが、一方で民主党も含めた野党大結集を模索していたのである。

浅田が維新の原則と条件を説明した。

「僕らは公務員制度改革を唱えていますから、民主党でも、官公労系の人たちとは一緒にやることはできません。民間労働組合系は、問題ないとは言えませんが、前原さんなどは『官公労と民間労組は別に考えてくださいね』と言っていますから、一考の余地はあると思います」

最大の決戦は都構想の住民投票

大阪の地域政党の枠を超えて、国政進出に舵を切った維新は、一二年夏から一四年暮れにかけて、みんなの党との合体工作、太陽の党、結いの党との合流、石原グループの分離と、激しい動きを示した。狙いは中央政治での多数勢力の結集と第三極の構築であった。維新の果敢な挑戦姿勢を、民意はどう受け止めたのか。政党支持率は、時事通信の調査では、維新が結いの党と参議院で合同院内会派を組んだ翌月の一四年五月が〇・七パーセント、維新の党の結党が決まった九月も〇・九パーセントで、国民の反応は鈍かった。

十一月二十一日、安倍首相が就任後、初の衆議院解散に踏み切った。一五年十月実施予定の消費税増税について、延期の判断を行った上で、「アベノミクスの是非を問う」と唱え、一四年十二月十四日投票の衆院選を設定した。

維新の党の旗揚げ、石原グループとの分党の後、最初の国政選挙である。初めて国民の審判が下る。維新の党の公示前の議席数は四二だったが、「大幅減」というメディアの事前情勢調査が目立った。結党と分党をめぐる迷走劇への批判、橋下人気の低下が原因という分析も多かった。

橋下の危機感は尋常ではなかった。

「安倍さんにやられた。完敗です。僕の責任です。もう一度、立て直しのチャンスを」

投票日の前日、大阪市内での街頭演説で繰り返し訴えた。

選挙の結果は、大幅減の予想に反して、維新は一議席減の四一にとどまった。自民党、民主党に次ぐ第三党の座も守った。それでも、総選挙不振の責任を意識する橋下と松井は、選挙後の二十三日、代表と幹事長の辞任を表明した。

「大阪都構想の実現に全力を傾注したいので、半年くらい代表を休ませてほしい」

橋下は選挙後、党の執行役員会で申し出る。自分から共同代表の座を降りた。

最大の決戦は、翌一五年前半の実施を前提に準備を進めている大阪都構想の住民投票であった。後任の代表には江田、幹事長には松野が就任した。

幹事長だった松井も一緒に辞任した。橋下、松井ら維新の大阪組は、以後、自ら「一丁目一番地」と位置づける都構想の実現に向けて一直線に突き進んだ。

府知事時代、橋下が大阪都構想を打ち出したのは一〇年一月だった。四月、知事の要請に基づいて府庁に大阪府自治制度研究会が設置された。一一年一月、議論のたたき台となる骨格案を取りまとめて橋下に報告した。

十一月の大阪市長・府知事のダブル選挙で、橋下が市長に、後任知事に松井が当選する。一二年八月、大都市での特別区の設置を可能にする大都市法が国会で可決・成立した。一三年四月、都構想実現に向けた作業を大阪府・市が共同で担う府市大都市局が大阪市に設けられた。府と市の職員が五一対四九という割合で構成する組織だった。

大都市法に基づいて設置された法定協議会（特別区設置に向けた大都市制度協議会）は、一三年二月から、都構想の中身について本格協議を開始した。ところが、区割り案の絞り込みをめぐって、維新とほかの各党が対立し、議論が紛糾した。

維新は当時、法定協議会の議決に必要な過半数を確保していなかった。公明党の協力を想定したが、一四年一月の法定協議会で、公明党が絞り込みを認めなかった。

橋下は二月、「約束が違う」と主張して市長辞職と出直し市長選実施を決める。三月二十三日に行われた市長選では、得票率八七・五パーセントという大勝で再選を果たした。

その後、九月の維新の党結成を経て、十二月の衆院選の後、党共同代表を辞任する。以後、大阪市長として、大阪都構想の住民投票に全力投球したのだ。

住民投票実施が確定

一五年一月、中央政治では、野党第一党の民主党の代表選挙が行われ、「自主再建派」の岡田克也（元外相）が「野党再編派」の細野を接戦で破った。岡田は就任の記者会見で、「次の総選挙で与野党逆転を」と表明する。野党第二党の維新の党との連携について、「現時点では同じ党になることは考えられない。維新が変われば、いろいろな可能性があるかもしれない」と述べた。

同じころ、維新の側でも、大阪都構想をめぐって、重要な情勢変化が生じた。

都構想は大阪市をなくして五つの特別区に再編するプランだったが、反対していた公明党が方針を転換した。都構想の是非を問う住民投票の実施に一転して同意したのだ。

一月十三日、大阪府知事、大阪市長、府市の議員で構成する法定協議会が都構想案を決定する。三月の議会での可決が確実となり、五月十七日の住民投票実施の見通しが立った。

維新の総帥の橋下は一四年十一月半ば以降、都構想実現のために「迷走」と映るほどの目まぐるしい動きを見せた。

衆院選実施が確実となった十一月十五日、松井とともに総選挙出馬を検討していることを明らかにした。だが、衆議院解散の二日後の二十三日、不出馬を決めた。

一四年十二月まで法定協議会会長だった浅田が一五年一月、インタビューで内実を証言した。

「一二年の衆院選で公明党候補が出た大阪府と兵庫県の計六小選挙区に、維新は候補を立てない代わりに、公明党は都構想の住民投票までつきあうという約束が成立しました。ですが、公明党は一四年一月、大阪での新年会で、橋下、松井の両氏の前で『約束した覚えはない』と言った。収まらない二人は『公明党議員を落とす』と言い続けてきました。それで一四年の衆院選で、二人が大阪の三区と一六区から出ることを検討し続けたのです」

最終的に不出馬に転じた理由は何か。

「その後、一四年に都構想の協定書が一度、議会で否決されたのですが、住民による直接請求制度によって署名を集めて都構想の是非を住民投票で問う条例を作るという方法があり、署名を進めようという動きになりました。その場面で、二人が国政に転じれば、署名活動のモチベーションを著しく下げます。二人はものすごく悩み、最後は不出馬になりました」

公明党は衆院選の後、なぜ「住民投票に賛成」と方針を変更したか。浅田が答える。

「一四年衆院選で、大阪での比例代表選挙の得票は維新が一位でした。そこで大阪の公明党幹部に対して、創価学会から『住民投票までつきあうと約束をしたなら履行すべき』という鶴の一声があり、それで、と聞いています。こちらからは、お願いとかは一切やっていません」

その後、大阪の公明党の幹部と維新側の話し合いが行われた。浅田の回想が続く。

「クリスマスのころに電話があり、公明党の大阪市会議員団の小笹正博団長、大阪府議会議員団の清水義人幹事長の二人と、私たち維新側が会いました。住民投票と統一地方選挙の投票日が重なるのを避けてほしいというのが向こう側の唯一の条件で、『都構想案の中身には反対』と言いました。議会での可決から六〇日以内という住民投票を一五年五月十七日に設定して、そこから逆算して議会の議決日などのスケジュールを話し合いました」

浅田は「住民投票実施が決まった一月十三日の夜は、橋下さんとワインをがぶ飲みしました。彼もうれしかったのですよ」と明かした。

「都構想不成立なら政界引退」

公明党の本部が地元の反対を押し切って、突然、住民投票賛成に転じた背景を探ると、当時の安倍首相と菅義偉官房長官による「首相官邸の介入」の影が見え隠れした。安倍・菅ラインが公明党と維新の間に立って仲介に乗り出した、と見た人もいた。

首相官邸の大阪都構想への側面支援は、当時、憲法改正を視野に入れていた安倍による維新・大阪組の取り込みの高等戦略という分析も多かった。それに呼応するかのように、改憲を明言する橋下は「安倍支持」発言を繰り返した。一五年一月十五日の記者会見で、改憲について、「何かできることがあれば何でもする」と積極姿勢を示した。

一五年一月、住民投票の日が四ヵ月後と決まった。大阪府の職員として大阪府自治制度研究会に関わった後、大阪市の府市大都市局の初代局長を務め、一回目の住民投票まで橋下と行動を共にした現副知事の山口信彦が舞台裏を振り返った。

「地方自治体とその現場が、住民を巻き込んで、自分たちの将来の形を決めようとしたという挑戦は、多分、日本の歴史の中では過去になかったことだと思います。あのとき、大阪の人たちの関心の高さはすごかった。飲み屋に行っても家族の中でも大激論。投票の前に住民説明会を計三九回やりましたが、どの会場もすごい熱気で、NHKホールのときなど、満杯どころか、人が外にあふれていました」

橋下は二週間弱、朝昼晩の計三回、二、三時間ずつ、説明会で熱弁を振るったという。山口が続ける。

「終わった後、毎日、反省会をやりました。行政の長が行う説明会です。制度の説明に徹してもらって、賛成を訴えるとか誘導となるような形はだめという約束でしたから、その点を申し上げたこともありました。橋下さんは心得ていて、『私の説明に疑問があるとか、考えが違うと思う人は、反対してもらったらいい』と断りを入れて話していた。やっぱり『人たらし』ですよ。つきあいがものすごく丁寧で、われわれの話にも真剣に耳を傾けてくれます。ただし、橋下さんは『決断は僕がやる』と」

都構想の一回目の住民投票を四ヵ月後に控えた一五年一月、投票で過半数の賛成を得る見通しはどうか、浅田の感触を聞いた。

「反対は自民党、民主党、共産党。ですが、都構想の支持は五〇パーセントを超えています。きわどい結果になると思います。公明党は住民投票実施に賛成しましたけど、都構想の中身に反対という不可解な行動をしています。自民党は安倍首相が『賛成』と言ってくれていますが、全体としてどうなるか」

どちらに転ぶか分からないという情勢の下で、維新は一発勝負に挑むことになった。

「都構想不成立なら政界引退」

住民投票実施が決まった後、橋下は公言した。自ら退路を断ち、背水の陣で臨んだ。

投票は計画どおり五月十七日に実施された。結果は、「反対」が七〇万五五八五票、「賛成」は六九万四八四四票となる。約一万票差で否決された。

橋下維新の意義

「負けは負け。市長の任期が満了した後は政治家はやらない。僕みたいな政治家が長くやるのは危険」

投票結果が判明した十七日の夜、橋下は記者会見で、予告どおり引退を宣言した。

否決を受けて、十八日、維新の党代表だった江田が、「橋下さんを引退に追い込んだ責任を痛感している」と述べ、辞任を表明した。

都構想には自民、民主、公明、共産の各党が反対した。維新の頼みの綱は民意という状況だったが、各党連合の壁は厚く、「民意に強い維新」も突破できなかった。

功罪も賛否も分かれたが、橋下維新による大阪での七年余の実験は、日本の民主政治にとって三つの点で有意義な挑戦であった。

第一は、大阪の都市改革を出発点にして、国と地方、政府と行政機構の関係、公務員制度、国会の二院制など、日本全体の統治機構の改革を目指した点である。日本型の議院内閣制の不備や弱点の克服、代議制民主主義の強化が視野にあった。

第二は、日本初の本格的な地域主導政党を創出し、国政進出も果たして、地域政党と国政政党の両立という課題に取り組んだのも大きい。それだけでなく、党の組織のあり方と意思決定システムも、既存政党とは異なる分権型を志向した。

組織政党の公明党や共産党はもちろん、自民党や当時の民主党も、内部は党本部と国会議員を頂点とするピラミッド型の構造の党である。一方、維新は国会議員、地方議員、党員が横並びのフラット型の構造を重視する。

第三に、都構想で一四〇万票以上の大型の住民投票を実現したのも特筆すべき出来事だった。政策決定で民意の判定を採用するという直接民主主義の効用を示すモデルとなった。

「僕は課題が出てきたときのワンポイントリリーフ」

橋下は引退表明の記者会見で説明した。

都構想は挫折したものの、維新改革は道半ばで、目標達成には不断の取り組みが必要なのに、牽引力だった橋下は、都構想の不成功を理由に、統治機構改革、フラット型の地域主導政党、民意重視政治など、実現まで長期を要する民主主義の改革という目標は未達成のまま、政治からの退場を表明した。

本人の生き方とは別に、橋下の主張や姿勢に共鳴して維新に参画し、橋下体制を支えてきた多くの議員や党員、支持者たちは、橋下を「ワンポイントリリーフ」の問題解決請負人と見ていたわけではなかった。橋下退場で維新の漂流が始まるのでは、と懸念する声は大きかった。

一一年十二月に大阪市長となった橋下の任期は一五年十二月十八日までだった。途中、出直し市長選で再選を遂げたが、再選後の在任期間も含めて計四年の任期が満了した。

任期満了で、橋下は予告どおり市長の座を降りた。その直前、十二月十二日に維新の代表も辞任した。四六歳という若さにもかかわらず、ほかの首長や議員も含め、政治の公職には見向きもせず、政界引退を実行して、元の「弁護士・評論家・タレント」に戻った。

第5章 「冬の時代」の迷走

維新の党分裂

二〇一五（平成二十七）年十二月、橋下徹は大阪市長の座を降り、政界から退場した。

「あのとき、僕も一緒に辞めるつもりでした。橋下さんもそれは了承してくれましたが、自民党との対立の激化などで、結果として十一月の二期目の知事選に再出馬して再選となりました」

大阪府知事だった松井一郎は回顧した。知事を降りて政界を引退する決意だったが、翻意して知事選に再挑戦した。

十一月二十二日に行われた府知事と大阪市長のダブル選挙で、松井は得票率が六四・一パーセント、二〇二万票余の大量票を獲得し、自民党推薦・民主党と共産党の支援の栗原貴子（元大阪府議）らに大差をつけて再選された。

一方、引退する橋下の後継候補に指名され、大阪市長選に出馬したのは、比例代表近畿ブロック選出の衆議院議員だった吉村洋文である。ダブル選挙となった市長選に、おおさか維新の会公認で出馬し、約五九万六〇〇〇票を獲得した。自民党推薦で民主党と共産党が支援した柳本顕（元大阪市議）を約一九万票、引き離して当選する。「維新市長」の座を守った。

吉村が政治の世界に入ったのは一一年四月であった。統一地方選で大阪市議選に挑戦し、初当選を遂げた。

市議一期目の途中で一四年の衆院選に維新の党公認で大阪四区から出馬した。小選挙区で敗れたものの、重複立候補した比例代表選挙で議席を手にした。

衆議院議員の一期目、在任九ヵ月余で、市長選出馬のため、辞職する。四〇歳で市長に就任した。

吉村がインタビューで当時を回顧して語った。

「初めて組織のトップになりました。市の職員とも対応していかなければいけない。大改革で実績を残し、高い支持を背負っていた橋下市長の後を引き継ぎました。しかも方向性は同じです。『バトンタッチ』と言われ、『おまえ、誰やねん』というところからのスタートでした。『橋下さんみたいにはでけへんやろ』『おまえに何ができる』という空気もあり、バトンを受ける側のプレッシャーをすごく感じました。最初の二〜三カ月、予算を作るときが一番きつかった。二七〇万大阪市民の生活について何から何まで、最後は自分が責任を負う立場になります。その責任感がしんどかった」

大阪府と大阪市は「橋下抜き」の「松井・吉村の新コンビ」で再スタートを切った。だが、すでに四カ月前の一五年八月から、維新の党の内部で分裂の火種がくすぶり、一触即発の危機が同時進行中だった。

橋下が退場する三カ月前の一五年九月、五月の大阪都構想の住民投票否決（第一回）の後、政党としての浮沈が注目を集めていた維新の党で、党内対立が表面化した。

維新の党は一四年九月に橋下、松井ら大阪組と、江田憲司が率いる結いの党が合体して生まれた新党だったが、大阪組と非大阪系グループとの摩擦が原因で、内紛が火を噴いた。維新の党の国対委員長だった大阪組の馬場伸幸が回想した。

「一五年九月、柿沢未途《かきざわみと》幹事長が党の意向を無視した形で山形市長選挙の応援に出掛けました。ですが、この問題は引き金で、内部での路線や考え方の違いが対立の主因でした。問題になっていた労働者派遣法の改正で、党の幹部は、とにかく『反対』と言う。安全保障関連法案では、なぜか対案がなかなか出てこなかった。路線が違うかなと思い始めました。是々非々路線を貫くわれわれのスタンスが理解されていないと分かってきたのです」

東京都議から衆議院議員となった柿沢は民主党、みんなの党、結いの党を経て、維新の党に参加した。山形市長選で民主党や共産党が推薦する候補の応援に出掛けた。橋下や松井が猛反発して辞任を要求する。最後は幹事長解任となった。

大阪組と非大阪系グループの不協和音は、大阪での住民投票の際、都構想最重視の大阪組と、野党結集路線で民主党との連携や合流を目指す非大阪系が、将来の政界再編構想で食い違ったのが最大の要因だった。両陣営とも修復困難と判断し、「協議離婚」を目指して話し合いによる円満分党を模索した。

十一月の松井と吉村の大阪府知事・大阪市長ダブル選挙の期間をまたいで、非大阪系の松野と柿沢の後任の今井雅人幹事長、大阪組の片山虎之助前総務会長と馬場の四人の協議が続いた。馬場が続ける。

「途中、九五パーセント程度まで、交渉がまとまったことがありましたが、うまく行きませんでした。双方の意見が違っていて、円満な分党とはならず、泥沼化した。最後は臨時党大会を大阪で開いて、党解散と決めました。政党交付金も、解散後の両党への分配ではなく、必要経費を除いた分を国庫に返すことに。政党としては最悪の分裂の形になりました」

松井・吉村洋文の新コンビ

十一月二日、大阪組はおおさか維新の会を立ち上げた。紛争は長期化したが、二十五日にやっと分党問題が決着した。大阪組が新党のおおさか維新に移った後、非大阪系だけとなった維新の党は、最終的に一六年三月に民主党と合体した。民主党が維新の党を吸収する形で合流新党の民進党が結成された。

橋下代表時代、維新は国会での多数勢力結集を志向した。おおさか維新はその路線に終止符を打ち、与党でも野党でもない「ゆ党」路線と、大阪の都市改革という原点回帰に舵を切った。新党の党名に「おおさか」を冠した経緯を、片山が明かした。

「一五年の八月末に、橋下さんに呼ばれまして、『新しい党を造りたい。大阪を上に付けた党名を』と言われました。『国政政党でもあるのだから、地名でなく、維新改革の理念、シンボルを表すということで、平仮名にしたほうがいいのでは』と私は言いました。それで『おおさか』に」

新党で党首の座を担ったのは松井である。大阪府議時代から橋下と二人三脚で党幹事長を務め、橋下が府知事から大阪市長に転じた一一年十一月、後任知事となる。二期目の入り口の一五年十二月に党代表に就任した。

一七年二月、松井をインタビューした。国政政党として、時の安倍晋三内閣と向き合う姿勢について質問した。

「自民党では、規制改革と成長戦略はやりにくい。族議員の皆さんは、各種団体がバックボーンで支援者ですから、規制を守ります。今の自民党の限界です。ですが、維新の会はまだ力を蓄えていません。安倍内閣にピリッとした改革をやらせるため、『是々非々』の野党が存在する意義があると思っています。規制改革は、やろうと思うと、外圧が必要です。維新が外圧の役割を果たすことができれば、と思います。『政権を鍛える野党』と言ってきましたが、そういう意味です」

他方、野党第一党の民進党について、松井は「この党が日本の舵取りをやると、とんでもないことになる」と一刀両断にした。民進党を含む野党結集路線は選択肢になかった。

松井は福岡工業大学工学部を卒業し、民間会社勤務の後、〇三年の統一地方選で大阪府議に初当選した。いずれ政治家に、と昔から思っていたかどうか。松井が告白した。

「いや、全く思っていませんでした。ですが、父が政治をやっていまして、私はビジネスの世界でそこそこ頑張ってやっていたんですけど、親父から税金の使われ方に対する怒りを聞かされた。『おまえもそこそこもうけられるようになったら、ちょっと世のためにも働けよ』と言われました」

大阪改革の「横展開」に疑問も

是々非々の「ゆ党」と「大阪回帰」を掲げたおおさか維新が、国政政党としてどんな政治を目指すのか、疑問に思った国民は多かった。一六年七月の参院選に大阪選挙区から出馬して国政進出を果たすことになる政調会長の浅田均が主張した。

「僕らは日本に必要な改革を国に先駆けて大阪でやったと自負しています。改革の必要性は全国的に認知されていくと思います。改革を国全体に広げていけたらと思っています」

大阪だけでなく、全国の大都市は、自治と分権のあり方、国との関係、地域の活性化などの点で、大都市特有の問題点を共有している。維新は「大阪の改革モデルを全国の大都市に」と説く。

だが、自身の選挙区に横浜市の一部が含まれる元みんなの党代表の浅尾慶一郎（前衆議院議員）は、大阪改革の「横展開」に異論を唱えた。

「横浜市をなくして神奈川都にする構想には、ほとんどの人が反対でしょう。大阪都構想を持ってきて『統治機構改革』と言っても、それは望まれていない改革です。地域ごとに独自性を認めるのが地方分権につながるという言い方ならいいと思いますが」

一方、維新の「大阪改革」について、立憲民主党の馬淵澄夫（元国交相）は民進党副幹事長だった時代、冷めた目でこんな感想を口にした。

「彼らがやった大阪の改革は、借金があるからそれをなくすという『会社整理』です。『会社再建』ではありません。弁護士の橋下さんはそういう発想になったのかも」

維新は国政政党としてどんな政治を目指すのか。浅田が主張する。

「自公両党は本質的に『大きな政府』志向のグループです。連立を組んだら、『小さな政府』志向の僕らの存在理由がなくなります」

長期的展望として、浅田は、「大きな政府」志向勢力とは別に、自民党や野党にも混在する「小さな政府」志向の勢力を糾合して、「自民・公明」の与党連合と競い合う第二極を作り上げる道を示唆した。

安倍内閣時代の一五年七月、維新の党の総務会長だった片山は、政党政治の現状と問題点について述べた。

「『一強多弱』はだめですよ。緊張感がなくなります。場合によっては、政権交代ができるということになれば、国民の選択肢が増えるし、政党同士が切磋琢磨することになります。ですが、野党同士、あまり仲がよくない。野党がまとまらなければ。野党再編といっても、上からの政界再編は無理で、まず実績を積み上げる。政策連携からやるのがいいと思います。それには人間的な信頼関係がないとうまく行きません。あの人が言うなら信用しようというところがないから、すぐに引っ繰り返ります。徳がなければ」

こんな点を指摘した上で、片山は維新の使命と役割について説いた。

「われわれは保守だけれども、改革派として、ほかの野党との違いを出す。今は第三極ですが、将来は自民党と維新の二極による政治を」

維新は「大きな政府」か「小さな政府」かという点を対抗軸に、政界再編を主導して、政権交代可能な二大政治勢力による政党政治を、と将来像を描いているようだ。

安倍政権との蜜月

維新から「是々非々」「第三極」という主張が聞こえてきたが、その裏で、維新は、当時の安倍首相、菅義偉官房長官と、橋下や松井が、一二年春以来、「地下道を自由に行き来する関係」を築いてきた。「ゆ党」ではなく、「隠れ与党」の役割を担っていると見た人は多かった。

一六年十二月二十四日、橋下、松井、安倍、菅の四人が東京で懇談した。その会合も含め、地下道ではなく、確認された橋下・安倍会談は一三年七月から一六年十二月まで七回に及んだ。

一六年の暮れ、臨時国会の終盤で、カジノ解禁法と呼ばれた統合型リゾート施設（IR）整備推進法案をめぐって、推進の旗を振った維新と賛成の自民党が連携し、「安倍政権と維新の蜜月」が注目を集めた。維新は将来のカジノ解禁を前提に、大阪でのカジノ新設を企図した。

自民党と連立を組む公明党は、この法案では共同歩調を取らず、自主投票を決めた。十二月十四日の参議院本会議で採決が行われた。公明党は所属の二五議員のうち、山口那津男代表を含む七人が反対して話題となった。「安倍一強」の下で、「自公の不一致」が顕在化し始めた感があった。

　自民党は一六年七月の参院選勝利で、直後の無所属議員の入党も含め、衆参で単独過半数に届いた。そうなると、連立解消論や公明党の独自路線が表面化するのでは、と見た人も少なくなかった。「自公の不一致」の裏側で、「自維連携」という構図が浮かび上がった。

　第3章で触れたように、安倍は一二年九月の自民党総裁返り咲きの際に助力を得た維新に、恩義と借りがあった。政権復帰後の一五年五月、維新が大阪改革の「一丁目一番地」と重視する大阪都構想の住民投票の際、地元の大阪の自民党は公明党、当時の民主党、共産党とともに反対に回ったが、安倍は維新に理解を示し、側面支援を惜しまなかった。

　一方、維新は国会でも安倍体制に協力的で、一六年の臨時国会では、党是の「身を切る改革」路線に沿って反対した公務員給与引き上げの関連法と消費税増税延期関連法を除いて、全法案に賛成した。

　菅が官房長官時代、維新との関係について語った。

「パートナーというよりも、改革の方向が一緒でした。私たちの政権は、野党でも政策に賛成してくれるところとはきちんとつきあい、だめなところとは仕方ないというのが基本姿勢です。そういう野党がほしい」

　維新側も、政策は是々非々が基本だから、政策ごとの連携には前向きであった。

維新の改憲構想

安倍が首相在任中、維新との連携を重視し、協力関係の維持に腐心したのは、最大の達成目標といわれた憲法改正への挑戦戦略が影響していたのは疑いない。安倍は宿願の改憲実現に強い意欲を示した。維新を「改憲の友党」と位置づけ、共同歩調に期待を寄せた。

憲法改正は、第一関門として改憲案の国会発議が不可欠で、それには衆参両院で「総議員の三分の二以上」の賛成が必要である（憲法第九六条）。一六年の参院選の当時、三分の二以上は、衆議院が三一七議席超、参議院は一六二議席超であった。

憲法改正に前向きといわれた「改憲政党」は、与党の自民党と公明党、それに維新と日本のこころを大切にする党の四党である。衆議院は一六年参院選の前から、自公二党だけで三一七を上回っていたが、参議院は一六年六月一日の時点で、改憲四党の議席は、自民党一一六、公明党二〇、維新七、日本のこころ三の合計一四六で、一六二に一六議席、足りなかった。安倍は一六年の参院選で、自民党だけでなく、維新の議席増を期待した。

発議要件を満たす議席の確保と同時に、改憲案の中身についても、改憲四党の足並みがそろっていなければならない。最大勢力の自民党と、ほかの改憲政党との歩調という点では、憲法をめぐる自民党と公明党の距離がしばしば問題になる。同時に自民党と維新の改憲構想の比較・点検も必要である。自民党にとって、維新は「改憲の友党」には違いないが、改憲の方向性や中身が一致するかどうかが課題だった。

自民党は谷垣禎一総裁（後に幹事長）の時代の一二年四月に独自の改憲案を決定した。前文を含む全条項の全面改正を想定した「日本国憲法改正草案」を打ち出した。

松井が自民案について感想を口にした。

「自民党の憲法改正草案が安倍さんの考え方だとすると、前文はちょっといただけませんね。国が個人の価値観や家族のあり方についてあれこれと言っています。それは放っといてくれという話です。そこには反対ですね」

改憲に積極的な維新も、「対案提示」の方針に沿って、一六年三月二十六日、党大会でその年の活動方針と併せて憲法改正原案を発表した。一二年の衆院選で国政政党としてスタートを切った維新は、野党第二党となった後、離合集散を繰り返し、一五年の秋、振り出しに戻って再出発する。そこで統治機構改革を目指す改憲案を正式に打ち出したのだ。

内容は全条項の全面改正案の自民党とは違って、維新案は必要な改正条項だけを抜き出したものであった。維新の改正原案は、国と地方の両方にわたる統治機構改革が主眼で、保育園・幼稚園から大学までの教育無償化（憲法第二六条の改正）、法令などの抽象的合憲性を審査する憲法裁判所の創設（同第六章「司法」の改正）、道州制や国と地方の権利と義務の分配の見直しなどの地方自治改革による地域主権の実現（同第八章「地方自治」の全面改正）が柱である。

改正の狙い、提案の理由、判断の根拠となっている現状分析などを、政調会長の浅田に質問した。

「僕らは日本に必要な改革を国に先駆けて大阪でやったと自負しています。改革を国全体に広げていくには、統治機構の改革が必要で、そのための憲法改正と考えています。将来的には首相公選制と道州制と一院制をセットにした改革が必要と主張してきました。一院制の実現はいきなりは難しいから、そこに至る過程で、衆議院を圧倒的に優越にするとか、地方の首長の権利を認めて、参議院は地方の意見を反映させる場にするのもいいと思います。道州制も、現憲法の第八章『地方自治』となっている章に書き込む。基本的には国民の権利と義務を地方と国にどう分配するかというのが重要な点で、それを憲法で明確化します」

「今、九条を変えるのは反対」

憲法裁判所の新設、教育の無償化を唱える意義は何か。浅田が解説した。

「統治機構改革を保障し、法令の抽象的合憲性を審査できるようにするために憲法裁判所の創設を唱えています。それには現憲法の第六章『司法』の章を変更しなければなりません。それから、教育の無償化も主張しています。義務教育だけでなく、保育園・幼稚園から大学まで無償化し、機会平等主義を徹底させる。成長戦略というか、未来への投資の一番の重要な部分です。公共工事よりも、人にお金をかける。これも『義務教育はこれを無償とする』という憲法第二六条をいじることになります。今までと全然違う発想で憲法改正を唱える新しいグループがあると認知してもらいたい」

政界から離れた橋下は維新の憲法案の策定にどこまで関わっていたのだろうか。維新の党の憲法調査会会長だった小沢鋭仁《おざわさきひと》（元環境相）は、維新の改憲案について、「あれは全部、橋下案。憲法裁判所の創設、全教育の無償化など、新しい視点で持ち出してくる」と打ち明けた。

最大の問題は、安倍と維新の憲法観が一致するかどうかだった。改憲の進め方については、安倍は従来、「自主憲法・全面改正」の論者だったが、後に方針を変更し、国会答弁でも「一回目はできるところから」という姿勢に転じた。各党に異論がなく、国民の大多数が賛成できる項目から取り組むという手法に傾斜した。

改正条項など、憲法の中身については、安倍自身の改憲案の明示がなかったから、本心は見通せなかったが、維新が掲げる統治機構改革や道州制、憲法裁判所などは、首相在任中の安倍の視野にないと見られた。自民党内の支持基盤や霞が関の官僚機構の抵抗が予想される事項に進んで手を染めるとは思えなかった。維新が唱える改憲構想には関心が乏しく、考慮・検討するといった気配は全く感じられなかった。

過去の発言などから、安倍は第九条の改正や緊急事態条項の新設などに意欲的、と映った。それに対して、「必要があれば変える。いいところは残す」と唱える改憲容認派の片山はインタビューで、「われわれは、今、九条を変えるのは反対。緊急事態条項も現状では要らないと主張している」と述べた。

改憲をめぐる安倍との話し合いについて、浅田は安倍内閣時代、中身のすり合わせなどの話し合いはこれからの課題と打ち明けた。

「安倍さんが自民党総裁に復帰する前、最初に僕らが『ドリームチームを一緒に』と言ったとき、安倍さんとは『憲法も変えなければ』という話はしていました。ですが、衆参の総議員の三分の二以上という改憲の発議要件を定めた憲法第九六条をどうするかというあたりからかな、という話でした。それ以上は、個別にどこをという議論はしていません。もし安倍さんと改憲の中身のすり合わせということになれば、話し合いはさせていただきたいですね」

といっても、歩み寄りは簡単ではないと思われた。首相在任時代、安倍が数合わせを優先させれば、自民党内や霞が関の抵抗を覚悟の上で維新の改憲案を丸のみするかどうかという局面に遭遇し、改憲の基本姿勢が問われる展開も予想された。浅田は「すり合わせ」に前向きだが、政権維持を考える安倍首相が「すり合わせ」に乗り気となるかどうかは不明だった。

衆院選で希望の党と連携

一六年七月の参院選は、維新の党の分党で新発足したおおさか維新にとって、最初の大型選挙だった。同時に、一〇年四月の大阪維新の会の結党以来、「党の顔」で最高指導者であった橋下の政界引退による初の「橋下抜き国政選挙」となった。

だが、何とか議席増を果たした。おおさか維新は選挙区に一八人、比例代表選挙に二八人の候補者を擁立し、選挙区で三議席、比例代表で四議席を獲得した。選挙後の議席数は一二で、一三年参院選の直後の議席数と比較して三増となった。一五年五月の「都構想敗北ショック」と「橋下引退」による低迷を脱したかに見えた。

この参院選では、自民党も議席を伸ばした。選挙後の議席数は一二一で、一三年参院選の直後と比べて六増と躍進した。選挙後の議席数が二五の公明党、三となった日本のこころを大切にする党と合わせて、維新を含む改憲四党の合計議席は一六一となる。参議院の総議席の三分の二の一六二には届いていなかったが、改憲に賛成の保守系無所属の当選者を含めると、参議院でも「改憲勢力」が「総議員の三分の二」を上回り、初めて衆参で改憲案の発議要件を充たした。

維新では、比例代表選挙で、元みんなの党代表の渡辺喜美が、片山に次いで第二位で当選を果たした。渡辺が維新の公認で参院選に出馬した理由を説明した。

「旧みんなの党が主張していたマクロ経済政策を、いろいろな党が言っていました。おおさか維新もみんなの党とほぼ同じ主張を展開していましたので、それが有力な判断基準となりました。もともと橋下さんから『一緒にやりませんか』という申し入れがあって維新とみんなの党が一緒に選挙をやった一一年の統一地方選以来、私とおおさか維新の関わりは深かったのです」

渡辺は八億円借り入れ問題などが響いて一四年十二月の衆院選で落選したが、国会復帰を最優先に考え、維新に身を寄せて参院選で議席を回復する。党副代表に就いた。

ところが、翌一七年の東京都議選で、維新と渡辺の対立が表面化した。原因は東京都知事の小池百合子（元防衛相）の新党結成だった。

小池は一月二十三日、国政進出を視野に、地域政党の都民ファーストの会を旗揚げした。渡辺は都議選で都民ファーストの会の候補の支援を表明する。六月二十二日に維新に離党届を提出した。

「『小池さんのところへ行く』と宣言があった。明らかな反党行為。除名を決めた」

維新代表の松井は報道陣に説明した。

三カ月後の九月二十五日、安倍首相が衆議院の解散を表明した。小池は同日、国政政党の希望の党の結成を発表し、自ら党代表に就任した。

解散の五日前の二十日、竹中平蔵が設営したANAインターコンチネンタルホテル東京内の日本料理店「雲海」での会合に、橋下、松井、小池が同席したというニュースが流れた。維新と希望の党が十月二十二日投票の衆院選で連携した。幹事長の馬場が選挙後、振り返って背景を解説した。

「小池さんは当初、政治手法や議会への対応は維新をモデルにしていたと思います。ブレーンもわれわれのブレーンと重なっていましたから、われわれのよかった点、悪かった点を小池さんに進言していたと思いますが、小池さんはいい点を発揮できなかった。総選挙では、松井代表の言葉を借りれば、『最大限の配慮をする』ということでした。候補者調整はやっていません。結果的に大阪と東京とのすみ分けという感じで、希望の党は大阪に候補者を立てない、維新は東京には立てない。東京で三人の立候補予定者が確定していましたが、私が直接、頭を下げて『比例のみで』ということにしました」

「沈没の危機」と背中合わせ

一七年の衆院選では、野党第一党の民進党も、代表だった前原誠司の判断で希望の党と連携した。民進党の多数の立候補予定者が希望の党から出馬するという異例の選挙となる。民進党内の反対派は立憲民主党を結党し、事実上、分裂した。

希望の党は一方で維新とも共闘したが、その点について、前原に尋ねると、「私はそれには全く関与していません。総選挙で大阪を全部、維新に渡すことについては、聞いていなかったので、こちらがかなり押し返した面もありました」と答えた。

選挙結果は、選挙前の一五議席から五五議席に飛躍した立憲民主党が野党第一党となる。希望の党は七減の五〇議席にとどまった。

変則的な選挙協力態勢で臨んだ一七年の衆院選で、維新は手痛い敗北を喫した。選挙前と比べて三減の一一議席しか獲得できなかった。維新の金城湯池《きんじょうとうち》の大阪府では、全一九の小選挙区で一五人を擁立したのに、当選はわずか三議席だった（ほかに比例代表選挙での重複立候補による当選が五人）。

比例代表選挙の各ブロックを合わせた全国の総得票数も約三三九万票と低調だった。一六年参院選の比例代表の得票数よりも約一七六万票も少なかった。維新の党で戦った一四年衆院選の総得票数の約八三八万票と比べると、六割減という落ち込みである。

選挙後、馬場が分析を口にした。

「これは実力どおりです。確かに維新への期待感が薄れたのは事実です。橋下旋風が吹いていた『ベンチャー政党』の時期が終わり、『既成政党』に移行している時期だと思います。党の認知度は広がりましたが、国民の支持につながっていない。既成政党として、地に足を着けた活動を全国でやっていかないと、もう風頼み、人気頼みでは票をもらえない段階になっています」

維新が希望の党と連携した理由について、馬場が付け加える。

「今の国政は昔の一九五五年体制に逆戻りしています。与党が野党第一党に気を遣い、野党はひたすら嫌がらせ大作戦をする。われわれは健全な二大政党政治を目指しているので、全然容認できません。そういう政治勢力を分断し、壊してしまう。松井代表はしがらみのない政治、新しい政治を目指す勢力の結集を選択したと思います。連携は即断即決でないとできません。希望の党との連携で、党内の協議はなかったですね。みんな有利になると見込んでいたのでしょう。異論は一切出ませんでした」

一五年五月の大阪都構想の住民投票の否決以後、「冬の時代」で苦闘する維新は、「沈没の危機」と背中合わせで迷走を続けた。

第6章　万博誘致の舞台裏

橋下の政界復帰を望む声

二〇一五（平成二十七）年五月の大阪都構想の住民投票否決以後、「冬の時代」の逆風にさらされた日本維新の会（新）は、暗くて長いトンネルの中で、出口を求めて漂流を続けた。一五～一八年のころ、維新の将来を占うポイントは、一五年十二月に政界からの退場を敢行した橋下徹の動向と党の長期国政戦略と見られた。

維新政治の牽引力だった橋下は、「一丁目一番地」と位置づけてきた都構想での挫折を理由に、統治機構改革など、未達成の維新改革の目標を置き去りにして、自ら政治の現場から離れた。維新は「橋下抜き」となった後、挫折の痛手を乗り越え、維新改革への再挑戦を目指して、再び戦いを開始した。「身を切る改革」「成長実現のための統治システムの変革」「民意重視政治」といった起点の目標と理念に立ち返り、再出発した。

この路線に理解を示し、支持する国民は、実際には少なくないと思われた。だが、一つだけ大きな課題があった。

ビジョン、プラン、シナリオ、政策といった理屈だけでなく、それを国民に強力に発信し、不撓不屈の精神で果敢にチャレンジし続ける「型破りの指導者」が存在しなければ、維新の壮大な実験も絵に描いたもちに終わる可能性があった。「型破りの指導者」となると、誰が見ても、引退実行中の橋下以外に見当たらないというのが維新の実相だった。

引退後、維新の法律政策顧問という立場で党外から支援する形となった橋下は、維新の党運営や政策策定などにどう関わったのか。

「党の大きな方針や政策を決める戦略会議というのがあるが、必ず出席する。というよりも、橋下さんに合わせて開いている。そこで議論を主導されている。みんなで決めるわけだけど、今も一番、影響力がありますよ」

維新の共同代表を務める片山虎之助は一六年五月、インタビューに答え、党内で重要な政策を決定する場面で、引退後も影響を及ぼす橋下の存在と役割を明かした。

引退を実行したものの、維新の党内の関係者や支持者はもちろん、橋下時代の大阪改革を評価する一般の大阪府民や大阪市民の中にも、橋下の政界復帰を望む声は大きかった。

浅田均が当時、感想を口にした。

「今はないでしょう。ですが、メディアの世界に戻って、外から政治を見ていて、『何やっとるんじゃ』と我慢できなくなることがきっとある。それを期待したい。ただ大阪府知事就任以後、八年間でこれだけのことをやり遂げたと満足しているところもあります。本当に戻ってこない可能性もあると心配しています」

橋下の引退について、「全力疾走の後の一休み」と見て、一時的な静養と調整の期間が終われば再始動と予想する見方もあった。そうではなく、もっと長期的な設計の下に、この時期を、自己点検と自身に対する民意の期待感の見極め、将来、国政のリーダーを担うための自己研鑽《けんさん》の期間、と位置づけて、計画充電を実行中と読む人もいた。

実際にはそれから五年以上が経過した二〇二一年夏の時点でも、橋下は政界復帰に見向きもせず、弁護士兼評論家兼コメンテーターという民間人の生き方を変えていないが、浅田は一六、七年ごろ、安倍と理念や思想、価値観を共有し、「安倍政治への共鳴」を隠さない橋下を見ていて、「安倍内閣が続いている間は政界に戻らないのでは」と語った。

維新改革への再挑戦には「型破りの指導者」が不可欠と見る人たちは、「橋下抜き」のままなら、「維新劇場」は早晩、閉幕になると悲観的だった。にもかかわらず、維新には第二の「型破りの指導者」という隠し球の用意があるとは見えなかった。その点も、「冬の時代」からの脱出のきっかけがつかめない大きな原因であった。

「東京がオリンピックなら、大阪は万博を」

沈没の危機と背中合わせの維新は、再浮上を目指して、巻き返しに懸命となった。

「大阪の改革にとって都構想は必要。府民、市民に納得してもらえるプランを再設計」

一五年十一月、橋下引退に伴う大阪市長と大阪府知事のダブル選挙で、吉村洋文が市長当選、松井一郎が知事再選を遂げたとき、吉村と並んで記者会見に臨んだ松井は、半年前に否決・廃案となった大阪都構想について、再挑戦の姿勢を明確にした。

「改革路線と成長戦略で大阪の変革と蘇生を」という目標を掲げ、走り続けることが維新再浮上の眼目と狙い定めている。大阪都構想を核とする大都市改革と並んで、維新がエネルギーを注いだのは成長戦略であった。

大阪の成長のためには、大阪府と大阪市の二重・二元行政の打破、身を切る改革と行政の無駄の排除、公営事業の民営化、民間経済部門の活性化などが必須条件だが、それだけでは爆発的なパワーが生まれない。起爆剤はないか、と橋下や松井や浅田は探り続けた。

「僕らは東京と並ぶ『大大阪』を造りたいという気持ちがありました。夏季五輪大会の東京招致が一三年九月に決定したが、その後に、当時の橋下大阪市長と毎晩、飲んでいて、『東京がオリンピックなら、大阪は万博を』という話になりました」

松井が振り返って語った。

大阪は夏季東京五輪の招致決定の四三年前、一九七〇（昭和四十五）年に一度、「日本万国博覧会」と呼ばれた国際博覧会を開催したことがあった。五年ごとの開催で、パリにある博覧会国際事務局（ＢＩＥ）の投票で決まる現在の登録博覧会である。

ＢＩＥが取り仕切る国際博覧会には、総合的なテーマの大規模博覧会で五年に一回の

「登録博」と、中間で行われるテーマ型の「認定博」の二種がある。九〇年の大阪市鶴見区での「国際花と緑の博覧会」は認定博、「愛・地球博」と呼ばれた二〇〇五年の愛知万博は登録博だった。

登録博の開催地はBIE総会での投票で決まる。一五年暮れの時点で、全加盟国（現在は一七〇の国・地域）のうち、分担金を支払った一五六国に投票権があった。投票総数の三分の二を獲得すれば、その国に決まるが、どの国も届かない場合は一位と二位の決選投票となる。

一九七〇年の大阪万博はアジア初で、当時、史上最大の規模といわれた。三月から九月までの半年で、来場者は目標の二倍以上の六四〇〇万人に達した。会場となったのは大阪府吹田市の千里丘陵だったが、大阪市を始め、周辺一帯で、市街地の整備や鉄道・道路の建設など、大規模開発が行われた。大阪の景色が一変したと話題になった。

六四年開催の一回目の夏季東京五輪大会とともに、戦後、復興・成長・発展を遂げる日本経済を象徴する二大イベントと称された。「輝く大阪」の有力な装置となった。

万博誘致とIR開設

「万博をもう一度」と正式に声を上げ、最初に行動を起こしたのは、大阪府議会の維新の議員たちだった。誘致決定の約四年前の二〇一四年の夏、大阪府議会で、当時の大阪維新の会府議団が誘致を提案した。

翌一五年は大阪のシンボルイヤーの年であった。一六一五（慶長二十）年の道頓堀開削と大坂夏の陣から四〇〇年を迎える。

加えて、訪日外国人観光客がもたらすインバウンド効果が注目を集め始めている。維新側はそこに着目し、万博誘致とIR開設を装置として、大阪を東京に対抗する一方の極に、と考えたようだ。

二〇一五年四月から一九年四月まで大阪府の万博誘致推進室長を務めた露口正夫（後に大阪府・大阪市IR推進局理事）が経緯を振り返った。

「私の着任前ですが、維新の府議団から要望があり、それを受けて、松井知事から『調査・検討するように』と指示がありました。手続きとかスケジュールとか、全く分からないので、府と大阪市と経済界で内々に勉強会を始めました」

開催の主体は、オリンピックと違って、都市ではなく、開催国の政府で、国側の担当者は経産省である。立候補期間は「開催年の九年前から六年前まで」であった。二五年開催の場合、一六年から立候補が可能になる。もう一点、どこか一つの国が立候補すると、それから六カ月以内に、という立候補期限の決まりがあった。露口が続ける。

「何をテーマに、どこで、何をやるのか、課題は何かなど、中身は何も想定がありませんでした。それで、一五年四月から有識者の意見も聞きながら約半年、調査しました。この時点では気運も全然、盛り上がっていなかったから、その点も問題でした。会場について、一〇〇ヘクタール前後の広さの確保が可能な場所をいくつか候補として挙げました」

七〇年万博の万博記念公園、「花と緑の博覧会」の跡地、関西空港対岸の泉佐野市・田尻町・泉南市のりんくうタウン、豊中市の府営服部緑地などが候補に上った。

ところが、最終的に開催地に決まったのは、大阪市此花区の北港にある人工島の夢洲《ゆめしま》だった。維新が一方で熱心に開設を目指すＩＲの設置予定地も同じ夢洲である。万博会場選定の経緯を、露口が解説する。

「当初の検討の俎上には、夢洲という案はありませんでした。当時は埋め立ての途上で、出来上がっていなかったので、除外していました。ですが、ほかの候補地はそれぞれ課題がありました。千里の万博記念公園も花博の跡地も服部緑地も、公園として使っていますので、公園機能を停止しなければなりません。ほかの場所でも、樹木の大量伐採が必要なところは難しい。りんくうタウンは細長い土地で、地形的に難がありました。一〇〇ヘクタール以上の面積で、かつ人が住んでいなくて設計しやすいというので、夢洲が適地となりました」

万博誘致は橋下・松井のトップダウン

万博誘致の動きは一四年夏の維新府議団の提案から始まったが、舞台裏では当時の大阪市長の橋下、松井、それに橋下が「我が師」と呼んだ作家の堺屋太一らによる誘致構想と下準備が先行していた模様である。

「最初は万博ではなく、オリンピックを大阪でやろうと思いました」

そのころ、大阪府知事だった松井が、誘致決定までの軌跡の詳細を語った。

大阪五輪構想は初めてではなかった。九二年に一度、夏季大会招致計画が浮上した。このとき、選手村予定地となったのが、後に二五年万博会場となる夢洲だった。

大阪市は正式立候補まで突き進んだが、五輪招致は成功しなかった。〇八年大会の開催地を決める〇一年七月の国際オリンピック委員会（ＩＯＣ）モスクワ総会で、開催地は中国の北京に決まった。北京、トロント（カナダ）、イスタンブール（トルコ）、パリ（フランス）の四都市と争い、大阪は最下位で敗退した。

四年後の〇五年四月、次に福岡市が一六年大会の招致に手を挙げた。それを知って、九月に東京が一九六四年に次ぐ「二度目のオリンピック」に踏み出した。

二〇〇六年八月、国内選考で福岡市を破る。〇九年一〇月のＩＯＣコペンハーゲン総会での開催地選考に臨んだ。リオデジャネイロ（ブラジル）、マドリード（スペイン）、シカゴ（アメリカ）との競争となる。東京は第二回投票で三位落選に終わった。

東京都知事だった石原慎太郎はすっかりやる気をなくし、再挑戦に後ろ向きとなっていたが、森喜朗元首相や息子の石原伸晃（当時は自民党幹事長）の説得を受け入れて、リオデジャネイロ五輪の次の二〇年大会招致への挑戦を決める。一三年九月のＩＯＣブエノスアイレス総会で、イスタンブール、マドリードを破って「二度目の東京オリンピック」を手にした。

だが、〇九年の東京敗退の時点では「東京がもう一度、手を挙げるとは思わなかった」と松井は打ち明けた。

「それなら大阪がオリンピックに再挑戦したらどうか。場所もあるのだから、と思いました。だけど、日本で開催できるのは東京だけと分かりました。人口二七〇万人の大阪市が立候補しても厳しい。府議会でもそんな話をしました。そこで、東京がオリンピックなら、大阪はもう一回、万博を、という話になりました。『大阪を再生・成長させる起爆剤は万博』とずっと言っていたのは堺屋さんです」

松井が明かした。橋下も『文藝春秋』一九年四月号掲載の手記「さらば我が師、堺屋太一」で述べている。

「東京五輪の招致活動が盛り上がっていたある日、堺屋さん、松井知事、当時は大阪市長だった僕の三人で、大阪の北浜にある古民家風の寿司屋の二階に集まったときのことです。酒をかっくらって大阪の将来を熱く語り合い、話題が七〇年の万博に及んだとき、ふと、堺屋さんが、こう口火を切ったのです。『もう一度、大阪で万博をやろう』（中略）松井知事もすっかりその気になって、翌日から二度目の大阪万博実現に向けて動き出しました」

橋下は一一年十一月の大阪府知事・大阪市長のダブル選挙で知事から市長に転じ、松井が後任の府知事に当選する。翌一二年十二月の衆院選で、日本維新の会（旧）が躍進を遂げ、いきなり衆議院の第三党に躍り出た。橋下と松井が「二度目の大阪万博」の誘致に動き出したのは、それから間もなくであった。

堺屋の熱心な提案でその気になった二人は、花火を打ち上げるタイミングを探る。一四年八月、橋下はテレビ番組で誘致構想を披露して国民へのアピールを展開した。

一方で、松井が大阪府側の陣立て作戦を実行に移した。

「議会にも万博誘致の声があるという空気作りが必要でした。維新の議員団に『議会からも質問を出せよ』と働きかけ、それに対して、知事の僕が『ぜひやりたい』と意思表明を行って、その後に役所に調査・検討を命じました」

万博誘致は橋下・松井コンビのトップダウンによる維新主導のプランだったと松井は認

めた。

山本五十六の心境

松井は大阪府庁の部局に「調査・検討」を指示する。一年後の一五年夏、自ら開催中のミラノ万博を視察した。四月に大阪府の万博担当副理事として着任した露口も訪欧に同行した。振り返って語る。

「『食』がテーマで日本館も出ていて、現地調査しました。実際に見て、松井知事も、やはり万博は発信力があると強く認識しました」

松井は併せてパリも訪ねた。経産省から日本大使館に派遣され、参事官としてパリのBIEの日本政府代表を務める武田家明(現在も同政府代表・二〇二五年国際博覧会推進事務局次長兼博覧会推進室長)が、松井をBIEのビセンテ・ロセルタレス事務局長に引き合わせた。

武田はBIEとのつきあいが長く、開催国を選ぶ選挙も数多く見てきた。立候補する国は、何を訴え、どうアピールすべきか、詳しく知っている一人だった。

「松井知事との初めての接点で、大阪の万博誘致への熱意を感じました。ところが、もとからフランスが立候補しそうだという話はありました。一九〇〇年のパリ万博を始め、万博の伝統があり、パリは『万博都市』を自負していました。フランスが久々に手を挙げ、満を持して出てくると、ヨーロッパ各国の票も集まります。大阪は厳しい戦いになります。『勝つ自信は全くない。それでも立候補するというなら、惨敗だけは避けなければ』という『山本五十六《やまもといそろく》長官』的な心境が、当時の偽らざる気持ちでした」

山本五十六は戦前、連合艦隊司令長官だった海軍軍人で、勝機の乏しい太平洋戦争に反対しながら戦争を指揮したことで知られる。だが、松井は万博誘致で突き進んだ。

維新は大阪の再生・成長戦略に基づいて万博誘致に向けて動き出したが、その時期、最重要の挑戦目標と位置づけていたのは、万博ではなく、住民投票の可決による大阪都構想の実現であった。だが、二〇一五年五月に行われた大阪市民による住民投票で否決される。橋下は大阪市長の任期満了の十二月十八日に引退を実行した。

翌日の十九日、橋下と松井は東京に出向いた。夜、国会議事堂近くのホテルで安倍晋三首相、菅義偉官房長官と会った。

「党は別ですが、官房長官とは個人的な人間関係を作り上げていて、毎年、忘年会をやっていました。それで『忘年会を兼ねて、橋下さんの市長送別会をやろうよ』という話になりました。その席で僕が『万博をやりたい』と持ち出しました」

松井が証言した。

「どんなことをやるの」

万博構想を初めて耳にした菅が関心を示した。

「キーワードは健康・長寿です」

松井は即座に答える。

「日本は世界最高のスピードで超高齢化社会に突入していますが、最も大事な点は健康寿命を伸ばすことです。要はピンピンコロリ。一人一人が納得し、満足できる長寿社会を生み出す技術とサービスを提供します。超高齢化社会を乗り切るために日本中の英知を集めます。そんな万博をやりましょうよ」

松井は熱弁を振るった。

「それはいい。挑戦すべきテーマだね」

黙って聞いていた安倍が、その瞬間に反応した。

「官房長官、この話をまとめるように」

隣の菅にその場で指示した。

松井は年明けの一六年一月、万博誘致の課題や対応策などを幅広く検討するために設置した国際博覧会大阪誘致構想検討会が取りまとめた資料を手に、首相官邸の官房長官室を訪ねる。露口も同行した。

「担当は経産省。大阪のプランをバージョンアップさせて作り上げよう」

菅は応じる。そのとき、二五年開催に国が手を挙げることが確定したと松井は確信した。

維新取り込みという安倍の計算

二度目の首相の安倍は、民主党政権時代に当時の野田佳彦首相の主導で民主、自民、公明の三党合意に持ち込んだ消費税増税計画を実行し、一四年四月に税率を五パーセントから八パーセントに引き上げた。案の定、景気が停滞した。アベノミクスの先行きに黄信号がともった。

安倍は一三年九月、二〇年夏季東京オリンピック招致に成功し、景気浮揚の有力な武器を手にしていたが、長期政権を視野に、オリンピック後に懸念される景気後退への対策が必要だった。そんな折、松井が首相官邸に二五年大阪万博構想を持ち込んだのだ。安倍には万博がポスト・オリンピックの政権運営の効果的な武器になるという判断があったのではないか。

もう一つ、安倍には、橋下や松井の協力を必要とする事情があった。安倍の最大の達成目標は憲法改正だったが、維新は改憲容認勢力である。万博誘致への安倍の前向き姿勢には、維新取り込みという計算が潜んでいたのは間違いない。

安倍の「太鼓判」を手にした松井は、大阪市の吉村市長と二人三脚で万博誘致を推し進める。一六年九月、大阪府と大阪市が万博候補地を夢洲に決定した。

会場選定と合わせて、もう一つ重要な課題は、基本理念、メインテーマ、サブテーマなどの策定であった。

大阪府は候補地決定の三ヵ月前の六月、「2025年万博基本構想検討会議」を設置した。六月三十日の第一回全体会議から検討を開始し、十月二十八日の第四回全体会議で大阪府案を策定した。「二一世紀の健康問題は、世界全体の課題」「高齢化の波は、先進国から世界各国へ拡大」を基本理念にうたい、メインテーマ案として「人類の健康・長寿への挑戦」を掲げた。

大阪府はプランの骨格を固め、二五年開催に向けて挑戦すると決める。経済効果も約六兆円と試算した。

松井はこのプランを首相官邸の官房長官と経産省に提出する。テーマに『健康・長寿』を掲げたので、併せて厚労省にも提示した。そこから国としての検討会が始まった。

二五年万博の立候補は一六年からで、予想どおり一六年十一月にパリを開催地とするフランスがBIEに立候補を届け出た。

ほかの国の立候補期限は、それから六ヵ月以内だ。大阪の提案を受諾した日本政府は二五年万博の誘致に乗り出すことを決めた。露口が続ける。

「今回の大阪誘致の場合は、準備の期間が非常にタイトでした。フランスの届け出で、そこからヨーイドンに。立候補の期限は一七年五月となりました。国もわれわれの基本構想をベースにして、大急ぎで検討を開始しました」

パリにいた武田は一七年の一月半ば、大阪万博誘致に専念するため、東京の経産省からの指示で急遽、帰国した。武田が回想した。

「立候補までに、国の検討会は三回行われましたが、私は二回目から参加しました。大阪府が提案した『健康・長寿』というテーマで国際選挙を戦うのは、なかなか厳しいのでは、という意見が出ました。途上国などでは、公衆衛生とか新生児の死亡率の低下など、目の前の命を救うことが主要な課題で、『長寿』を訴えても、長寿でない国の共感は得られないのではないか、と。それでテーマを広げて『いのち輝く未来社会のデザイン』という表現になりました」

大阪府が提案した基本構想をベースに、経産省が中心となって検討を行い、安倍内閣は一七年四月に万博誘致を閣議で了解する。ＢＩＥに立候補の届け出を行った。

この時期、万博に対する国内の関心は高いとはいえなかった。誘致活動もこれからという状況だったが、一七年三月、やっと官民の万博誘致委員会が設立された。日本経済団体連合会名誉会長の榊原定征（元東レ会長）が会長に就任する。民間の支援体制も出来上がった。

インバウンドで大阪経済の復調

万博とは別に、一七年七月八日、ドイツのハンブルクで開催中のG20サミット（主要二〇カ国・地域首脳会議）で、一九年開催のG20議長国が日本と決まった。G20サミットが日本で開催されることになった。

大阪市のホームページの「2019年G20大阪サミットの開催支援」によれば、こんな経緯だった。

「2017年9月25日に外務省からサミットおよび関係閣僚会議の誘致希望について、大阪府および大阪市へ照会がありました。サミットの誘致は大阪の都市格や知名度の向上を図るうえで絶好の機会となると大阪府および大阪市において判断したことから、同年11月13日に大阪府および大阪市共同で応募書類を提出しました」

G20サミットの日本開催は史上初である。大阪のほかに、愛知県、福岡市も名乗りを上げた。大阪府と大阪市は、並行して誘致を目指している二五年万博の開催にも弾みがつくと計算した。

維新の大阪変革路線で、もう一つ、成長戦略の要と位置づけたのが観光政策であった。新型コロナウイルスが襲来する前、政調会長の浅田が強調した。

「維新の改革が大阪で根強い支持を得ているのは、大阪府と大阪市が協力すると、これだけのことができる、という実績を示しているからです。大阪府と大阪市が協力して造った観光局もその一つです。海外に大阪のプロモーションのような活動を行った結果、大阪を訪れる外国人は一一年に一五八万人だったのに、一七年には一一一一万人くらいまで拡大した。インバウンドが経済の回復に大きく貢献し、観光が産業として成立しています」

大阪観光局は「松井府知事・橋下市長」体制がスタートして一年三カ月が過ぎた一三年四月、内閣府認定の組織として発足した。

一一年十一月、大阪府と大阪市の行政を担った維新は、真っ先に府市一体化による広域行政の一元化、二重行政解消などに挑戦した。すぐに大阪府市統合本部を発足させ、一五年五月の大阪都構想の住民投票否決に伴って府市統合本部が廃止になった後、十二月に副首都推進本部を設置する。機関の統合と機能強化のプランに取り組んだ。

先陣を切って誕生したのが大阪観光局であった。府と市の各部署にばらばらに存在していた関係の部局を統合し、観光政策の司令塔となる組織を新たに立ち上げた。

以後、府市の信用保証協会の合併で、大阪信用保証協会が発足する（一四年五月）。〔公設の試験研究機関の大阪府立産業技術総合研究所と大阪市立工業研究所の合体に伴う大阪産業技術研究所の新設（一七年四月）、府市の中小企業支援組織の統合による大阪産業局の設立（一九年四月）などが次々と実現した。

大阪観光局は「官民一体で大阪にヒト、モノ、カネを呼び込む」という観光戦略の中核組織として生まれた。二〇年、予期しなかったコロナの襲来で、大阪も含め、観光産業は大打撃を受けたが、インバウンド・ブームが注目を集めていた一九年までは、訪日外国人観光客の拡大などが牽引役となり、大阪経済の復調と成長が顕著だった。

G20の誘致成功で追い風

橋下市長と松井知事が誕生して、維新が大阪市と大阪府の行政を担うようになった一一年十二月以降、大阪の経済にどんな変化が生じたか、大阪府の実態について、経済統計で一二年度と一七年度を比べてみた（出所は内閣府の「県民経済計算」）。

大阪府の総人口は、一二年度が約八八六万一〇〇〇人で、一七年度には約八八二万三〇〇〇人に減少した。なのに、就業者数は一二年度が約四六三万七〇〇〇人、一七年度は約四九二万人で、逆に二八万人以上も増加した。

有効求人倍率も、一二年度の〇・六五倍に対して、一七年度は一・六八倍であった。ちなみに全国の有効求人倍率は、一二年度の平均が〇・八〇倍、一七年度の平均は一・五〇倍である。

大阪府の総生産（GDP・名目）は、一二年度が三七兆一四六四億円、一七年度は四〇兆〇七〇〇億円に達した。同じ時期の日本全体の統計は、一二年度が五〇〇兆五〇〇〇億円、一七年度は五五三兆一〇〇〇億円である。日本全体では約一〇・五パーセントの拡大だったのに対して、大阪府の伸びは約七・九パーセントだった。

経済成長率（実質）を見ると、日本全体では、一二年度が〇・六パーセント、一七年度は一・八パーセントを記録した。他方、大阪府は一二年度がマイナス〇・七パーセント、一七年度が二・九パーセントである。

全体として、リーマンショックと東日本大震災の影響による落ち込みを脱して、経済が上向きに転じた時期だったが、名目GDPの統計以外は、全国の経済回復のピッチと比べて大阪の伸びのほうが数段、大きかったことを示している。

大阪経済の好調は維新政治が原因、という打ち出し方は牽強付会《けんきょうふかい》の感もあったが、一七年以降、維新は「大阪の成長を止めるな」と大書したポスターや街頭演説のパネルを用意して、「大阪経済復活と成長実現の維新」を強くアピールする姿勢を示し始めた。

退潮が顕著だった一七年十月の衆院選の後、一八年に入って、「冬の時代」の寒風は去り、風向きは次第に追い風に変わる。転換のきっかけはG20の誘致成功であった。

「一九年の日本でのG20の開催地は大阪に決定」

一八年二月二十一日、安倍内閣の菅官房長官が記者会見で発表した。福岡市や愛知県でなく、大阪に決めた理由として、一九九五年にアジア太平洋経済協力（APEC）の首脳会議を開催した実績、空港からのアクセス、来日する外国首脳の宿泊ホテルの充実などを重視したと見られた。一方で、水面下で維新を支援する「安倍・菅」ラインが、福岡市の応援団だった麻生太郎副総理兼財務相（元首相）の圧力をはねのけて、大阪開催で押し切ったという解説も流れた。

決戦投票でロシアを下す

二五年万博の誘致合戦がスタートしたのはその約一年前の一七年三月だった。担当の経産省のトップは、安倍側近で関西圏の和歌山県選出の世耕弘成（現自民党参議院幹事長）である。万博誘致には当初から熱心で、一八年三月のBIE調査団の訪日の際も、東京と大阪の視察に経産相の世耕が自ら終始、同行した。

日本の強敵はパリ開催を目指すフランスで、大阪とパリの一騎打ちと見られた。ところが、一七年五月の立候補の締切日に、ロシア（開催地はエカテリンブルク）と、中東に位置する旧ソビエト連邦のアゼルバイジャン（開催地はバクー）が突如、立候補を届け出て参戦した。

日本は「いのち輝く未来社会のデザイン」をテーマに掲げる。対して、ロシアは「世界の変革――将来世代のためのイノベーションとよりよい生活」をうたった。アゼルバイジャンは「人的資本の発展、よりよい未来の構築」を唱えた。

エカテリンブルク開催案のロシアは二度目である。二〇年開催万博の選挙の際、決選投票でドバイに敗れ、続けて再挑戦した。アゼルバイジャンは初めての立候補であった。ロシアには選挙戦の経験とその後の蓄積があり、フランスと並ぶ強敵の出現である。

大混戦が予想されたが、開催地を決めるＢＩＥ総会を九カ月後に控えた一八年二月、異変が起こった。最有力候補と見られたフランスが立候補を辞退したのだ。

大きく影響したのが、一七年九月十三日にペルーのリマで開催されたＩＯＣ総会の決定であった。フランスは万博の一方で、オリンピック招致にも乗り出していたが、東京の次の二四年大会の開催地が全会一致でパリに決まった。

フランスの事情に詳しい武田が解説する。

「フランスはもともと財政問題が厳しかった。もしオリンピックが決まれば、万博誘致で何らかの変化があるかもしれないと思っていました。ただ、それを言うと、国内が緩むので、絶対に言いませんでしたが。その場合、オリンピックと万博が二四年、二五年と二年連続になる。フランスの構想は、万博は民間の資金でやれるというプレゼンテーションでしたが、フランスの財務省が精査すると、絶対に国費投入が不可避ということになった。それでリタイアに」

一部に、これで日本勝利は確実に、と予想する向きもあったが、安心できる状態ではなかった。一つは、地元の大阪の空気であった。

開催地決定の一〇日前の一八年十一月十三日、読売新聞が大阪府民を対象にした世論調査の結果を発表した。二五年万博の開催について、「賛成」六六パーセント、「反対」二二パーセントだった。賛成は反対を大きく上回ったものの、それでも全体の三分の二にとどまった。

楽な戦いではないと見られたもう一つの理由は、ライバルのロシアとアゼルバイジャンの取り組みであった。日本は誘致に成功すれば、大規模博覧会の登録博だけで三回目となるが、ロシアもアゼルバイジャンも初開催である。その点をアピールして各国の支持を集める可能性があった。

一八年十一月二十三日、維新にとって起死回生の逆転ホームランとなるニュースが飛び込んできた。パリのOECDカンファレンスセンターで、BIEの総会が開催された。二五年の万博の開催地を決める投票が行われ、現地時間の午後五時（日本時間の二十四日未明）、日本がロシアとアゼルバイジャンの二国を破って開催権を手にしたのだ。

決定の瞬間、政府代表として参加した世耕、榊原、松井、吉村らが一斉に立ち上がり、歓声を上げた。二五年の「大阪・関西万博」の開催が決まった。

開催地決定の選挙は、一回目の投票では決まらず、上位二国による決戦投票となった。一回目の投票は、一位・日本（八五）、二位・ロシア（四八）、三位・アゼルバイジャン（二三）だった。決戦投票で、日本が九二対六一でロシアを下した。

経済波及効果は二兆円と試算

登録博の日本開催は愛知万博以来で、大阪では一九七〇年万博に次いで五五年ぶり、二回目となる。開催日数は、「二度目の東京オリンピック」がコロナによる一年延期後の二〇二一年七月二十三日から八月八日までの一七日間だったが、「二度目の大阪万博」は二五年の五月三日から十一月三日までの一八五日間である。

大阪府万博誘致推進室の資料によれば、想定入場者数は約二八〇〇万人で、開催経費は会場建設費一二五〇億円、運営費八二〇億円を想定する。経済波及効果は約二兆円と試算している（一七年三月の経産省作成の「２０２５国際博覧会検討会報告書」）。

万博誘致で、安倍首相はどんな役割を果たしたのか。

一三年九月の「二度目の東京オリンピック」招致決定の場面で、安倍はアルゼンチンのブエノスアイレスでのIOC総会に自ら出席し、投票結果が発表となる日の朝、総会のステージで招致のプレゼンテーションを行った。その二年半前に発生した東京電力福島第一原子力発電所の事故で海に流出した汚染水の問題に触れ、「状況はコントロールされている」と世界に向けて明言した。

だが、パリでの「二度目の大阪万博」の誘致決定の場に、安倍の姿はなかった。安倍だけでなく、開催地決定のBIE総会には、ロシアもアゼルバイジャンも、トップの大統領は出席しなかった。

といっても、安倍が万博の誘致に不熱心だったわけではなかった。立候補届け出の後、日本は一七年六月、十一月、一八年六月、それにBIE総会の一八年十一月と計四回、誘致のプレゼンテーションを行ったが、四回とも、内容が異なる安倍のビデオ・メッセージが流れた。その都度、メッセージ作成のビデオ撮りにつきあった。

「誘致合戦の勝因は」と、インタビューで松井に尋ねた。真っ先に、松井は「地域の人たちの熱量」を挙げた。

大阪の万博誘致への関心は、開催地決定の直前の世論調査でも「賛成」は全体の三分の二程度だったが、松井は「誘致熱の熱量」の高まりを強調した。

「決定の八カ月前の一八年三月に、BIEの調査団が大阪に来ました。そのとき、大阪中の人が万博誘致のロゴマークを掲げて大歓迎した。そこまでは予見していなかったけど、誘致活動をしていて、一九七〇年万博のころ、大阪が経済的にも町の空気もむちゃくちゃよかったことを経験している人たちの心に『もう一度』という火がついたのでは、と感じました。すごく盛り上がった。誘致したいという地域の人たちの熱量が選挙結果に結びついたと思います」

BIE日本政府代表の武田は、「日本の勝因」について、こんな見方を披露した。

「各国に対して、選挙に勝つための目先の利益に訴えるのではなく、例えばアフリカ諸国などに対しても、日本はアフリカ開発会議（TICAD）など、積み上げ方式で長く取り組んできています。そういう継続的な力が最終的には強いと実感しました。一言で言えば、国に対する信頼感です。開催地の大阪は、残念ながら東京、京都と比べると、一般的な知名度は国際的に高くありません。大阪のみならず、関西全体の魅力を訴えることで勝ったという要素も大きかった」

第7章　都構想敗戦

クロス方式のダブル選挙

大阪都構想をめぐる一回目の住民投票の敗北以来、低迷を続けていた日本維新の会が、二〇一八（平成三十）年十一月二十三日の大阪・関西万博の誘致成功で息を吹き返した。

一ヵ月余が過ぎた十二月二十八日の夜、上京した党代表の松井一郎と前代表の橋下徹は、官房長官だった菅義偉と都内で会食した。当時の安倍晋三首相を含む四人の年末の会合は、第二次安倍内閣発足後の一三年から始まった。衆院選が行われた翌一四年を除き、一五年以降は毎年、暮れの恒例行事となった。

一八年は三人が集まった。安倍の不参加は、大阪都構想をめぐって維新と対立関係にある自民党大阪府連に配慮したためといわれた。

十二月二十八日、松井は菅に向かってこんな言葉を口にする。松井が回顧した。

「都構想の二回目の住民投票は実施前でしたが、万博誘致が決まり、自分が掲げてきた公約は、もう到達は無理、と思いました。それで、菅さんに『僕は政治家として都構想以外はほぼやり切ったので、知事の任期が終わる一九年十一月で辞めて、政治家として一回、終了します』と言いました。そしたら、菅さんから『万博の誘致をここまで一緒にやってきたじゃないか。おれ、大阪のことでものすごく協力してきたよね。それは君が政治家として本気で大阪を変えたいという思いを持っていたから。その気持ちでここまで来ているのに、途中で辞めると言うのか』と言われました」

松井は万博誘致が決まった直後の一八年暮れの段階で、早期引退に大きく傾いていたのである。結党以前からの盟友である政調会長の浅田均は後日、松井から菅との会話の場面を聞いた。笑いながら明かす。

「松井さんは『一緒にいたのに、橋下さんは何も発言しなかった。あんな大事なときに何も言わん』と怒っていましたけど」

松井は頭から水を浴びせられた気分を味わったに違いない。続けて述べる。

「これは一九年十一月で辞めるわけにはいかない、もう勝負するしかないと思いました」

勝負とは懸案の都構想への再挑戦という選択である。菅の一言で、松井は腹をくくった。

都構想の住民投票に挑む前に、突破しなければならない大きな壁があった。住民投票実施の必須要件である大阪市会の議決というハードルだ。

ところが、市内の各区を選挙区とする中選挙区制の大阪市議選では、維新の単独過半数の獲得は至難で、過去に何度、挑戦しても、一度も届いたことはなかった。勝負を決意した松井は秘策を思いつく。

「その壁を越えるには、どうしても公明党の協力が必要でした。ですが、一度、協力を約束した公明党が、それをほごにした。あきらめかけたのですが、一つ手があった。府知事の僕と当時の吉村洋文大阪市長が入れ替わる。その選挙を一九年四月にやれば、新知事と新市長は新たに四年の任期を手にします。そうすれば任期内に住民投票にたどり着く」

これしかないと松井は覚悟を決める。大阪府議会議員と大阪市会議員、大阪府知事、大阪市長の四選挙勝利という「一石四鳥」を狙う作戦である。

一九年四月の統一地方選で大阪府議選、大阪市議選と同日に府知事と大阪市長の選挙も設定するクロス方式のダブル選挙のプランは、一八年十二月二十八日夜の会食の席でも話題に上った模様である。

大阪に戻った松井は吉村に告げる。

「おれが市長で行く。交代せい。クロスで選挙をやろう」

吉村は仰天したようだ。松井が回想する。

「『こんなこと、やった人はいません。本気ですか』と吉村市長は言うので、『今の硬直した事態を打破するには、勝負するしかない』と答えました」

民意の審判という踏み絵

一九年四月七日に行われた「大阪ダブル・クロス選挙」は維新の完勝に終わった。

府知事選と大阪市長選の相手候補は自民党大阪府連と公明党の推薦、国民民主党の支持で出馬した。府知事選は吉村が約二二六万六〇〇〇票対約一二五万四〇〇〇票で元大阪府副知事の小西禎一を、大阪市長選では松井が約六六万票対約四七万六〇〇〇票で元大阪市議の柳本顕を、それぞれ制して当選した。

大阪府議選と大阪市議選も好成績を収めた。府議選では、維新は全八八議席の五八パーセントに当たる五一を獲得した。八三が定員の市議選の議席は、過半数に二議席不足の四〇だったが、過去最多を記録し、第一党を確保した。

日本維新の会の副代表で大阪府議の今井豊が強調した。

「二人が辞職してクロス・ダブル選に挑むのは、世間からは『奇策』といわれましたが、奇策でも何でもない。もう一度、維新に対する民意を問うべきだという考えに立ち、民意の審判という踏み絵を踏むことにしました。大阪の人たちは、この一〇年間の維新の実績と、政治的スタンスが全くぶれないという点を評価したんです」

大阪市長に転じた松井の知事在任は一一年十一月から一九年三月までの約七年四カ月だった。一期目の一三年四月、三人の副知事の一人に、初めて総務省の現職官僚の植田浩(元千葉県副知事)を起用した。

一七年七月、松井府政で二人目の総務省派遣の副知事として、植田の後任の濵田省司《はまだせいじ》

（現高知県知事。元総務省大臣官房総括審議官）が赴任した。一九年から副知事を務める山口信彦が、「濵田副知事の担当は、主として総務・財政の分野でしたが、松井知事が一番強くお願いしたのは都構想の関係です。協定書の中身など、政府との協議が必要でしたから」と解説した。

「協定書」とは、統治機構改革の設計書に当たる特別区設置協定書で、大都市法に基づいて設けられる法定協議会が作成する。都構想の実現には、大阪市会と大阪府議会が協定書を過半数の賛成で承認し、その後に住民投票で可決する必要があった。

副知事在任中に「ダブル・クロス選挙」に遭遇した濵田がその場面を振り返った。

「あれはすごい起死回生だったと思います。府議会ですら、ちょっとじり貧の雰囲気でしたから。決断して選挙をやり、圧勝して公明党も引き入れた。それで大阪都構想の住民投票をもう一度、という流れになったのです」

上り坂に転じた維新の勢いは止まらない。続く四月二十一日、衆議院大阪一二区の補欠選挙でも、維新公認候補が、弔い合戦の自民党の世襲候補を破って議席獲得を果たした。

六月九日、政治資金問題で辞任した大阪府堺市長の後任を選ぶ市長選が実施された。大阪維新の会公認の永藤英機（元大阪府議）が、反維新候補を約一万四〇〇〇票差の接戦で破った。維新は大阪府、政令指定都市の大阪市、堺市の三首長の独占を初めて達成した。

新型政党の台頭

七月二十一日、参院選が実施された。前回の一六年に続いて、維新は定数四の大阪選挙区に二人の公認候補を擁立した。結果は一位と二位を握り、合計で全有効投票の約四〇パーセントの一三九万票を集票した。

大阪府の二人のほかに、選挙区では東京都、神奈川県、兵庫県で各一議席を獲得する。比例代表選挙の五人と合わせて、一〇人が当選した。一六年の参院選よりも三増で、選挙後の維新の参議院の議席は、非改選組と合わせて一六となる。

国政選挙の比例代表選挙の総得票数（二六一頁掲載の図表「衆参選挙の結果」参照）を見ると、旧日本維新の会は、国政初進出の一二年の衆院選で約一二二六万票を集票したが、衆院選では、以後、一四年が八三八万票（維新の党）、一七年が三三九万票（日本維新の会）と下降線をたどった。参院選の比例代表選挙も、一三年が六三六万票（旧日本維新の会）、一六年が五一五万票（おおさか維新の会）と下り坂だった。

一九年七月の参院選は、過去二番目の低投票率にもかかわらず、一七年総選挙よりも一五二万票増の約四九一万票を獲得する。退潮傾向に歯止めをかけた。

一九年の参院選は、議席数では自民党は当選五七で、非改選と合わせた新勢力は全議席の半数の一一三、公明党は当選一四で、新勢力は二八となる。自公両党で過半数を一八上回る議席を確保した。選挙は与党の勝利で、自公体制の継続容認が全体の民意と映った。

だが、比例代表選挙の総得票数では、一七年の衆院選との比較で、自民党は約八五万票の減、七〇〇万票回復が悲願だった公明党は約六五四万票にとどまった。野党第一党の立民も約三一六万票減の約七九二万票だった。

その陰で、比例代表選挙で約二二八万票を得て二議席を獲得したれいわ新選組、約九九万票を集めて一議席を握ったNHKから国民を守る党の浮上が話題となった。低迷を脱して復活を遂げた維新も含めた三党の躍進が注目を集めた。

参院選で示された民意から、政治の新しい潮流と構造変化の兆しを感じ取った人も多かった。自公両党、旧民進党の立憲民主党、国民民主党など、既存の政治勢力の停滞や退潮を横目に、新型の政党が台頭してきたと映ったからだ。

もちろん維新、れいわ、N国は党の理念、路線、政策が大きく異なる。ひとくくりにはできないが、政党として共通する点があった。

自民党、公明党、立憲民主党、国民民主党、共産党、社民党など、母体の党以来の伝統を背負う既存の政党は、一方で幅広い国民の支持の獲得を目指しながらも、どちらかといえば産業別や職能別の各種団体、労働組合、宗教組織など、職場を基盤とする政治活動や大組織に依存する「職場・組織型政党」であった。対して、地域政党から出発した維新、少数意見重視のれいわ、ワンイシューを強調するN国は、新型の「非職場・非組織型政党」と位置づけることができた。

一九年の参院選では、新型三党の比例代表選挙での合計得票は約八一八万票で、野党第一党の立憲民主党の獲得票を約二六万票、上回った。

参院選に表れた民意でもう一つ目を引いたのは、自民党候補ながら無組織で比例代表選挙に出馬し、特定枠の二候補を除き、実質二位で当選した山田太郎の選挙戦であった。全国郵便局長会の組織をバックにした実質一位の候補の六〇万票に次いで、約五四万票を獲得した。

山田の特徴は徹底したインターネット選挙であった。一三年四月の公職選挙法改正でネット選挙が解禁され、六年を経て、ネット選挙最重視の候補が国政選挙で当選したのだ。陣営の選挙参謀の説明では、山田候補が唱える「優しい社会」や「表現の自由」に共鳴する不特定・無交流のネット上の支持者約六〇〇人がコアとなり、勝手にネットを通じてアピールする「新型の空中戦」が奏功したという。

「非職場・非組織型政党」の旗手

特定地域、少数意見、ワンイシューなどを重点に、無党派層や浮動票などの有権者に働きかけて集票する選挙では、衆愚政治や大衆迎合主義の傾向が強くなる。「ポピュリスト」と呼ばれる「危ない政治指導者」を生み出す危険性も大きい。

だが、エリート主義に基づく既存の体制や、既得権益の維持・拡大に傾斜しがちな伝統的旧来型政治に対して、民意が発したイエローカード、と見ることもできる。その現実を直視しなければ、民意の動向を見誤る。

ドイツでは日本よりも先に、新型の「非職場・非組織型政党」の伸張が現実となった。下院に相当する連邦議会の一七年選挙の結果は、全七〇九議席のうち、連立与党のキリスト教民主・社会同盟（二四六）と社会民主党（一五三）という伝統的な「職場・組織型政党」の合計議席が三九九、新型の「非職場・非組織型政党」に分類できる右派の「ドイツのための選択肢」（九四）と左派の「同盟90・緑の党」（六七）の合計が一六一という勢力地図であった。

従来型の「職場・組織型政党」の不振、新型の「非職場・非組織型政党」の台頭という現象が、欧米の先進自由主義諸国に共通の政治状況かどうかは、見極めが難しい。とはいえ、東西冷戦の終結から約三〇年が経過し、世界的な規模で歴史的変革期を迎えている実態は無視できない。

日本でも、民意の政党支持の内実に変化が表れ始めたと見ることもできる。今後、「職場民主主義」対「地域・生活民主主義」の時代を迎える可能性もあった。

その新潮流を背に、一〇年四月の大阪維新の会の結成以来、生命力を維持する維新は、地域政党からスタートした新型政党である。地域・生活民主主義に根ざした「非職場・非組織型政党」の旗手として、新しい時代を切り開くパワーを手にすることができるかどうかが最大の課題であった。

参院選から一ヵ月半が過ぎた一九年九月、大阪市の日本維新の会本部で松井をインタビューした。政治家として自身の将来をどう考えているのか、聞いてみた。

「僕はもう都構想をやり切って、政治家としては終了ですよ。僕の役割はそこまで。維新では今、若くて覚悟を持った次の世代の政治家が育ってきています。市長は任期満了まではやります。そのとき、ちょうど数え年で六〇歳になりますから、定年やな、と」

松井は二〇年実施予定の二回目の大阪都構想の住民投票を区切りとして「政治家終了」と明言した。

松井の下で約一年九ヵ月、吉村の下で三ヵ月、副知事を務めた濵田が、二人の維新知事の印象を語った。

「大阪府の副知事になる前、テレビに出る松井さんは中央政治の動きに対して、かなりしんらつで辛口な物言いをする感じで、お仕えするのは大変かなと思いましたが、実際は非常に仕えやすい知事でした。役人の仁義とか行動パターンもよく分かっています。政治的な信念は強く、てこでも動かないという面もあるけれど、特定のテーマを除けば、『行政からの積み上げの中でこうしたい』と相談すると、『分かった。それでええよ』と言ってくれるケースが圧倒的でした。政治的な駆け引きや判断、勘などは非常に鋭い。敵に回したら怖いというところがあります」

幹事長型の松井に対して、吉村は政調会長型、と濵田は評した。

「細かい点も含め、政策に非常に詳しいです。自分で納得して、自分で決めたいという気持ちが強かったですね。『よきに計らえ』的な松井さんに対して、吉村さんは自分でこれをやろうというタイプでもあった」

府庁の職員として橋下知事時代に都構想の企画・立案担当、府市大都市局長などを務め、その後、松井、吉村の両知事の下で部長や副知事を歴任した山口信彦は、三人を見比べて人物評を口にした。

「織田信長、豊臣秀吉、徳川家康でいえば、吉村さんが一番、信長的と思います。リーダーシップの型でいうと、おれについてこいというタイプですね。橋下さんは、会うと、誰もが魅了される。そのパワーで、行政組織もそれまでとは全く違ったものに変えました。秀吉というのは、こんな人だったのでは、と思います。松井さんは人情家で安定感があり、家康型。職員を使うのは三人の中で一番うまい。人の話をよく聞くけど、判断は直観的で、きわめて早いですね」

コロナ危機の襲来

一八年から一九年にかけて、「橋下抜き」で再浮上のきっかけをつかんだ維新の最大の挑戦課題は、自ら「党の一丁目一番地」と位置づける懸案の大阪都構想の実現であった。

一回目の住民投票否決による廃案の後、二回目へのチャレンジは二年後の一七年にスタートした。五月に大阪市会、六月に大阪府議会が、維新や公明党などの賛成多数で法定協議会設置案を可決する。第二次法定協の設置が発効した。

協定書の内容をめぐる議論が始まったが、維新と公明党の協議が決裂した。松井は「直接、民意の判断を」と考え、「奇策」と批判を浴びながらも「ダブル・クロス選挙」を決断する。選挙大勝を手に公明党に翻意を促す作戦だった。

一九年四月の「ダブル・クロス選挙」で維新の大躍進を目の当たりにした公明党は、次の衆院選が心配だった。大阪の小選挙区で維新と激突する展開を恐れ、都構想賛成に転換した。十二月、法定協議会は維新と公明党の賛成で都構想の大枠を了承した。

住民投票は「大阪府議会と大阪市会での協定書の可決の法定協への結果通知後、六〇日以内に実施」というルールがあった。維新は「二〇年秋に二回目の住民投票」というシナリオを想定した。逆算して法定協での協定書の策定と採決のスケジュールを組む。住民投票実施にまっしぐらに突き進む計画であった。

そこへ、二〇年一月下旬、コロナ危機が襲来した。それ以前は、都構想最重視の姿勢も含め、維新の司令塔はおおむね松井で、松井主導体制の色が濃かったが、新型コロナウイルスの大流行という新事態への対応で、維新は一転して府知事の吉村を司令塔とする行政体制に切り換えたのだ。

吉村は三月十九日、往来自粛要請を決定する。四月七日の政府による初の緊急事態宣言への対応、十五日に大阪府独自の支援金給付の発表、二十三日には非協力パチンコ店の店名公表の表明など、矢継ぎ早にコロナ対策を打ち出した。五月一日には十五日からの休業要請の段階的解除の意向を表明する。五日、「大阪モデル」といわれた自粛解除の独自基準を決定した。

大阪府の独自の取り組みは全国的に大きな注目を集めた。それまで吉村は、維新の中でも橋下や松井の陰にいて、目立たない隠れた存在のイメージが強かったが、一気に人気が沸騰する。一躍、「維新の顔」として全国区の知名度を手にした。

二〇年六月、インタビューに答えて、吉村が対コロナの基本姿勢を自ら語った。

「政治家は、いいときもあれば悪いときもある。持ち上げられれば、次はたたかれます。それが世の常です。浮き沈みはあまり意識していません。コロナは、対応のプランはあっても、何が正解か分からない。だけど、この方向でと、きちんと発信していこうと考えました。危機的状況になると、何が起こるか分からないから、情報はできるだけ隠したくなりますが、隠せば必ず批判されます。『逃げず、隠さず、おびえず』という感じですね」

コロナ大流行に遭遇したとき、大阪府と大阪市の両方のトップを維新が握る大阪の行政は「対コロナの司令塔は大阪府」と決め、知事の吉村を中核とする体制を作り上げた。その狙いと背景の事情を、松井が本書の「第八章　インタビュー」収録の「松井インタビュー」で詳細に証言している（一九二頁～）。

教訓となったのは、コロナ危機の一一年前の〇九年、橋下知事時代に新型インフルエンザの感染拡大が問題になった場面であった。

対応をめぐって、橋下知事と当時の平松邦夫大阪市長が対立したという。大阪府議だった松井は、そこで二元行政・二重行政の弊害の実態を目撃した。その打破を訴えてきた維新は、松井の強い提唱で、コロナ対策の一元化と一体化のため、大阪府主導を採択したのである。

「都構想」は住民投票で再否決

「ダブル・クロス選挙」から約一年五カ月が過ぎた二〇年八月二十八日、大阪府議会が都構想の協定書の採決を行った。維新、公明党、自民党の一部など賛成七一、反対一五で可決となる。続いて九月三日、大阪市会も同じく維新と公明党が賛成し、五七対二五で可決する。二度目の住民投票は、十月十二日告示、十一月一日投開票という方針が固まった。

コロナ感染が不透明な状況の中で、維新側は「今回が最後」と公約して住民投票再挑戦の道を一直線に進んだ。コロナ禍での大型の住民投票の実施については、「時期が悪すぎる」という懸念と批判の声も小さくなかった。だが、各メディアによる事前の世論調査では、約一カ月前まで、「賛成」が「反対」を一〇ポイント前後も上回り、一時は「可決確実」という見方が有力だった。

ところが、五年半ぶりの二回目の住民投票も連続否決となった。一五年の一回目は、「反対」と「賛成」は一万〇七四一票という僅差だったが、二回目は「反対」が六九万二九九六票、「賛成」が六七万五八二九票で、票差は一万七一六七票に拡大した。

結果が判明した直後、松井と吉村は並んで記者会見に応じた。

「けじめをつけなければ。二三年四月の市長任期満了で退任、政界引退」

松井は表明した。皮肉なことに、一九年九月のインタビューでの発言どおりの展開となった。

「僕が都構想に挑戦することはありません」

吉村も言明する。都構想は橋下が初めて提唱してから一〇年一〇ヵ月、二度の住民投票で二度とも否決され、事実上、葬られた形となって幕が下りた。

松井の引退予告発言について、首相となった菅は、今度は注文をつけなかったのか。松井が打ち明けた。

「僕は責任を取ると言い切りましたから。菅首相からは『ちょっと潔すぎるのでは』と言われましたけど。政治家としても、一人の人間としても、これはもう僕の美学というか人生のけじめということもあるので、『そうか』と理解してもらえましたね」

維新の思惑はなぜ外れたのか。

民主党政権時代の一一年十二月前後、大阪都構想実現のための立法が必要という機運が熟し、それに呼応して、野党だった自民党が大都市制度に関するプロジェクトチームを作って支援することになったとき、プロジェクトチームの座長だった菅の下で事務局長を務めた松浪健太が、二度目の住民投票の敗北を振り返り、原因について分析した。

「戦略ミスは大きかったと思いますが、アクシデントがありました。二回目はワンフレーズ・ポリティクスにやられました。反対派の金科玉条は『大阪市廃止』という言葉でしたが、松井市長のコントロールが利かない独立した機関の大阪市選管が投票用紙に『大阪市廃止・特別区設置』という文言を入れた。本来は大阪府と大阪市の両方を新しい行政体に変えることの是非を問う住民投票なのに、アンフェアな表現を使ったのです」

その点が投票結果に影響を与えたことも否定できなかったが、維新に批判的な大阪市議の重鎮の松崎孔は、住民投票の実施に至る事情を踏まえて、こんな点を指摘した。

「この結果は、正直言って、維新のおごり、高ぶり、慢心だったと思います。なぜ今、住民投票を行ったのかという問題があります。維新は、この時期でなければと、あえてここで実施しました。一つは吉村人気です。それから公明党を押さえ込んだ。維新は『大阪市廃止・特別区設置』を、政策で進めるのではなく、まさに政局で進めてきました。だから、市民の皆さんの心に入っていかなかったのでしょう。それが維新の間違いだったのでは」

維新の敗因の一つは、確かに民意の掌握よりも、推進側の維新が組み立てる戦略や政治スケジュールに重きを置いて、住民投票の設定時期を急ぎすぎたのも大きかった。維新は万博誘致成功以後、勢いに乗って、万博開催前の都構想実施というプランの達成を目指した。だが、維新支持の大阪市民の多くは、都構想よりも、維新の改革路線やコロナ対応を支持してきたというのが実態だった。

　一期目の松井市長と吉村知事は、二三年四月までの在任期間に府政と市政で多くの実績を示し、その上で任期の後半に、大都市制度のあるべき姿として、現在の政令指定都市制度と都構想のどちらが大阪の将来にとって有効・有益か、大阪市民にじっくり判断してもらうという方針で臨むべきであった。

第8章　インタビュー

松井一郎——「伝統的な保守と改革保守による二大政党政治を」——

「日本維新の会」代表、大阪市長。

一九六四（昭和三十九）年一月三十一日、大阪府八尾市生まれ。福岡工業大学附属高校（現城東高校）を経て、福岡工業大学工学部電気工学科を卒業。㈱きんでん、㈱大通勤務の後、二〇〇三年の統一地方選挙で大阪府議選に八尾市選挙区から自民党公認で立候補して初当選。〇七年に自民党大阪府議団政調会長。〇九年に「自民党・維新の会」を結成して政調会長となる。一〇年四月結党の地域政党・大阪維新の会に参加し、幹事長に。その後、日本維新の会（旧）幹事長、維新の党幹事長を務める。一五年十一月の大阪府知事選で当選し、橋下大阪市長の政界引退に伴って十二月におおさか維新の会代表に就任。一六年八月の日本維新の会（新）への党名変更後も代表留任。一九年四月の「ダブル・クロス選挙」で大阪市長選に出馬して当選。現在に至る。

コロナ対策は府知事の下で

――二〇二〇年、大阪市長としてコロナの襲来という危機に直面しました。

「初めての体験で、疫病の怖さを身にしみて感じたというのが僕の感想です。憲法で基本的人権が保障されていて、人の行動は自由という中で難しい対応を迫られたと思います。緊急事態条項の新設など、憲法改正かどうかという点も含め、危機のとき、国民に義務の要請、指示・命令ができるような法の建て付けが必要ではと感じています」

――大阪では二〇年五月、第一波の段階で吉村洋文府知事が自粛解除の独自基準の「大阪モデル」を打ち出して全国的に注目を集めました。

「大阪の場合、僕と吉村知事で、対コロナの司令塔を大阪府にまとめ、メッセージを出して、住民の皆さんに協力をしていただくことにしました。分かりやすい基準を作る上でもよかったと思っています。感染症対策については『本部長は大阪府が担っていくべきだ』と、僕が吉村知事に申し上げた。最初にその点をはっきりさせておこうと決めたのは、〇九年の新型インフルエンザのときの教訓があったからです。

流行が始まりかけたとき、当時の橋下徹府知事は学校での感染拡大を懸念して、府域全体で一斉休校をかけようとしました。ところが、危機意識が乏しかった当時の平松邦夫大阪市長は、橋下知事と意見が合わなかった。この問題も二人がもめることになる一つの要素だったと思いますが、手法が違ったわけです。最終的に橋下知事が当時の舛添要一厚労相（後に東京都知事）と連絡を取って、国からの指示として、厚労相から大阪市に一斉休校を促すようにしてもらえないかと水面下で協議しました。その結果、厚労相が大阪市に、休校が必要という通達を出してくれたのです。

府知事と大阪市長の意見が合わないと、余分な作業が必要になり、時間もどんどん経過します。当時、僕は大阪府議の一員としてそれを見ていました。対コロナで、二〇年の一月末から二月初め、僕は市役所で、『大阪市としては市域の対策本部はやらんよ。府域全体の対策本部会議を府知事の下に作る。われわれはそこに参加し、決まったことを、下支えというか、現場で実務を担う』と指令を出した。最終決定する司令塔の権限は知事、と組織の中ではっきり決めました」

――二〇年の十一月一日、コロナ危機の中で大阪都構想の二回目の住民投票が行われ、再否決となりました。直後の記者会見で「大阪市長の一期目の任期満了の二三年四月で退任、政界引退も」と明言しました。今もその決意に変わりはありませんか。

「全く変わりません。やることをやりましたから。都構想の否決は住民投票の結果です。僕の公約は『成長する大阪、住みやすい大阪を作る』『大阪府と大阪市の二重行政を解消させる』『大阪で国際博覧会（万博）を開催する』とか、いろいろありますけど、掲げた公約は全部やりました。政治家は公約を掲げて選挙に出ます。公約が終了すれば、けじめをつけるということです」

万博は投資の価値がある

――府知事時代の一八年十一月に、五五年ぶりとなる二〇二五年大阪・関西万博の誘致が決まりました。開催の今日的意義、経済的な波及効果などをどうとらえていますか。

「万博開催の狙いは三つあります。第一は、日本が安定して経済成長を続けるには、世界に対してビッグイベントが必要です。第二は、世界中でニーズのある新しいものを生み出す。柱になるのは健康や長寿というキーワードの新たな製品やサービスです。

それをいつまでに完成させるという期間の目標が必要です。日本が世界一の長寿国になった経緯を見ると、日本のさまざまな技術が生かされている。今、世界中で先進国は超高齢化社会になってきた。平均寿命は延びていますが、健康寿命との差があり、その差の一〇年間は、長生きはできているが、自立した生活を送れていない。その人たちに対する社会保障費も増大します。日本は、新しいイノベーションでそこを解決する目標を作れるのではないか。それは世界中でニーズがあり、日本の新たな産業の柱になると思う。大阪は研究機関、大学など、先進医療に携わる人材が集まっているから、大阪を中心として新しいものを生み出していく。その目標設定として万博は非常に効果があります。

第三は、開催場所をベイエリアにすることです。ベイエリアは本来、どの国でも成長する核のエリアですが、大阪の場合は、今まで巨額の税を注ぎ込んできたのに、成長とかけ離れた『僻地《へきち》』扱いになっています。マイナスの負債を有効な資産に変える。そのために大阪のベイエリアで万博を、と思っているわけです」

――会場建設費も含め、運営費などの開催費用は一〇〇〇億円以上といわれています。

「期間中の開催費用、運営費はチケット収入でまかなえると試算しています。会場建設費は一二〇〇～一三〇〇億円という概算が出ていますが、経済効果を考えれば、投資の価値は十分あると見ています。一三〇〇億円といっても、東京オリンピック・パラリンピックの国立競技場を一つ造るよりも安い。オリンピックは二週間の開催ですが、万博は半年間やります。

誘致決定の三年前、橋下さんと二人で『二〇二〇年の東京オリンピック・パラリンピックの後に大阪で万博を』と言って旗を振り始めたころは、夢物語みたいな感じでしたが、政府も成長の起爆剤として考え、僕が持っていった旗を受け取り、旗を振ってくれて、誘致にこぎ着けることができました」

野党第一党になって国対政治を終わらせる

――二一年九月で菅義偉内閣が発足して一年になります。菅首相の政権運営に対する評価は。

「実務家やなと思います。官房長官時代のままで、今、首相兼官房長官をやっているふうに見えますね。実務面ではすごく力を発揮して、結果を作っていると思います。

コロナ対策も、日本で今、これだけワクチン接種が進んでいますね。これはワクチンが承認されていない段階から菅首相がファイザーやモデルナと交渉していたから、総量を確保できた。でも、日本で承認されていないから、使えない可能性もあったのです。それでも、一年延期となった二一年七〜八月の東京五輪大会に必ず間に合わせる形で日本に供給すると言って約束を取り付け、これだけの量を契約しているわけです。副反応がきついとか、日本で承認されない場合でも、税金を投入して買い取らないといけない。大変な金額ですから、そのときはすごい批判を受けます。

そのリスクも想定内で、多分、二〇年秋、首相になったときにワクチンの契約をしていると思います。首相として、もし廃棄することになっても仕方ない、とにかく契約を、ということで進めたのでしょうね。派手さはないけど、効果のある対応をしていると思っています。

東京五輪も、国際オリンピック委員会（IOC）が『やる』と言うなら、やめられるわけがない。やめようと思えば、投げ出すしかないんですよ。日本の首相が投げ出したら、日本に対する世界中の信頼を失うことになる。絶対安全というのはないから、皆さんが少しでも安心できる態勢を作っていくのが責任ある政治家の仕事だと思います」

――維新は大阪の行政だけでなく、国政政党として衆参両院で議席を持っています。党の代表として、現在の与野党の関係、政党政治の現状をどう見ていますか。

「一言で言えば、国会対策政治の一九五五年体制のままですね。国会議員の人たちは、みんな、今のほうが楽なんでしょう。われわれが訴えている『身を切る改革』を本気でやると、自分たちの身分に関係してきます。国民は国会という小芝居を見ているだけです。日程を人質に取って、大事な予算委員会でもスキャンダルの追及しかやらない。政府のコロナ対応は批判するけど、新型インフルエンザ等対策特別措置法の改正は邪魔する。

なれ合いの国対政治が一番の問題点だと思います。これを変えたい。大阪にはそういう芝居はもうありません。二一年四月の日本維新の会の党大会の際に僕が『野党第一党を』と言ったのは、僕らが野党第一党にならないと、国対政治を終わらせられないからです」

――維新が野党第一党になるには、実際には国会での各党との合従連衡《がっしょうれんこう》や政党再編、あるいは大阪以外での支持拡大などで議席増を実現しなければならないと思いますが。

「われわれが目指している今の姿を、国民の皆さんに理解してもらう。そういう説明ができるかどうかだと思います。選挙での議席増は非常に難しいですね。選挙は、対与党では消去法になります。与党が失敗すれば、国民はそっぽを向きますが、菅首相はよく分かっていて、『これはだめだね』と言われるようなオウンゴール的な失政をやりませんね。対野党では、やっぱり野合・談合の枠組みのおかしさを訴えるしかないと思っています」

二大政党政治を目指す

――二一年四月の党大会では、「日本大改革プラン」を打ち出す一方、最低所得保障の一種である「ベーシックインカム」を唱えました。

「ベーシックインカムという言葉に違和感があるかもしれませんが、これも持続可能な社会保障制度への転換なんです。これから日本は超高齢化社会となり、現役世代の人間が減ってきます。今の年金制度では持たなくなります。それが当たり前です。人口減が止まるまでの間をどういう社会保障制度でやっていくか。現役世代とその次の世代に過度な負担にならないようにしなければ。

この制度では、一人当たりいくらという社会保障がきちんと付きます。その上で、働いて課税最低限を上回る収入が出れば、それは税収になります。今、日本では非課税世帯が全体の二割を超えています。チャンスがあれば、この人たちが自立できます。支える側に回ってもらえます。そういう世の中を僕は作っていきたい。そのためにはチャレンジできる土壌が必要で、ベーシックインカムがあれば、それが生まれるわけです」

――社会保障制度は現在、役所では縦割り行政になっていますが、ベーシックインカムでまとめて一つにすると、行政改革という面でも相当の効果が生じるのでは。

「市長をやっていますが、どこの役所も、例えば子育て支援は青少年局、高齢者支援は福祉局、医療支援は健康医療部で、といった形になっています。受給する側からすれば、お金をもらうことに変わりないわけで、これを一律の制度でやっていく。保険制度がなくなると言う人もいますが、それはそれで残せばいいだけの話です」

――消費税率の引き下げも主張していますが、ベーシックインカム導入による財源の問題や、財政赤字の解消という課題は、どうやって乗り越えるのですか。

「大阪府の財政も、橋下知事登場以前は毎年一一年連続の赤字でした。禁じ手といわれる減債基金からの借り入れまでやった。粉飾の決算だったわけです。五二〇〇億円も穴が空いていたのを、その後、橋下さんと僕が知事をやった一一年間で返済して残り一七〇〇億円以下のところまで来た。吉村知事の下で、ほぼ終わると思います。それにプラスして、財政調整資金を積み上げました。今はコロナ対策で減っていますが、一五〇〇億円くらい行きました。

その間、大阪府は税収がどーんと伸びたかというと、そうじゃありません。徹底した行政改革でそこまで持っていきました。この一〇年で職員の数は、大阪府と大阪市だけで五〇〇〇人ほど減っています。といっても、職員の生首を切ったわけじゃない。仕事のやり方を見直しました。補助金の見直しも徹底してやった。今、大阪府の財政は一三年連続の黒字です。大阪市も、平松邦夫市長の時代に財政再建団体転落かと言われたのですが、今は全国の政令指定都市の中で、財政状況はトップクラスです」

――「日本大改革プラン」にしても、ベーシックインカムにしても、現状では、実現させるにはほかの党の協力や支援が不可欠だと思いますが、展望はありますか。

「自民党の改革派との連携ですね。自民党にやらせなければ。そのためには、政治は駆け引きですから、われわれが野党第一党になり、自民党が過半数を少し割り込むような政治状況を作らなければなりません。そのときは政権を維持するのに維新の協力が必要になります。ですが、われわれは閣内に入ったり与党になったりはしません。政策一つ一つで政府とやり取りしたいと思っています」

――全体として、伝統的な保守と改革保守による二大政党政治を目指す方向ですか。

「そうすべきだと思います」

大阪の改革に取り組んだのは怒りから

――橋下さんは政界から退場し、松井さんも市長任期満了による引退を明言しています。維新の指導者の人材が気になります。

「人材は次の世代にたくさんいます。吉村知事、それから国政では長く国会で維新を運営してきた馬場伸幸幹事長もいます」

――政党のトップは、どういう要件を備えていなければならないと思いますか。

「僕はぶれなかったというだけです。そのときどきの損得ではなく、ぶれずに筋を通す。それで離れていく人もいますが、それに耐える。その忍耐力も重要です」

――国民や住民との関係で、政党のリーダーに必要な資質や条件は。

「やりたいことを分かりやすく明確にメッセージを出す。難しい単語を並べて、結局、何を言っているのか分からないという人もいます。例えば立憲民主党の枝野幸男代表は、共産党との関係で、『選挙協力はするけど、連立は組まない』と言いながら、一方で『衆議院選挙は政権選択だ』と言う。政権選択でどういう政権を作るのか、どういう政策を実現するのか、はっきり言わなければいけないのに、何か玉虫色でうまくごまかそうとする。これでは有権者に全然届かない」

――もう一つ、維新で気になるのは、党の人材という点で、人選びが少し甘くて、党としてのガバナンスに問題があるのでは、という批判も少なくありません。

「ご批判は謙虚に受け止めなければならないと思っています。ただ、維新の場合、スタート以来、とにかく人材がいなかった。公募とか、他党で活動している方に入ってもらったりして集めてきたわけですが、やはり入党のハードルが低かったんでしょう。越えてはならない一線を越えた人については、われわれは辞職を勧告しますが、国会議員は身分保障がよすぎるから、辞めさせられないんですよ。辞めないから、一つのけじめとして除名という形を取らせていただいています」

――大阪府議初当選から一八年余ですが、政治家として一番うれしかったことは。

「大阪は、年収一〇〇〇万円を超える家庭を除いて、私立高校も全部、教育費を無償にしました。それで、選挙なんかで、若い高校生とか大学生から、『おかげで私学に通えて大学に行けた』『私、行きたい学校に行けてんや』と言われることがありますが、それが一番うれしい。子供なりに選択肢が増えて、喜んでくれているところがありますね」

――逆に一番つらかったことは。

「つらいのは別に平気ですけど、反対派の人から罵倒される。特に僕の親父みたいな年齢の人から、『松井、殺すぞ』と言われたりすると、ちょっと悲しくなります」

――維新の会の代表として、これからの達成目標は何ですか。

「政党ですから、将来的には力を付けて、国会で過半数を取り、政権を担ってもらいたいと思っていますが、そのタイム・スケジュールの中に僕自身がいるというのは、全く考えていない話です」

――このまま二三年四月に本当に政界から消えるのですか。

「あと二年やると還暦です。ちょっと早めの定年退職ですよ。その後は人の目を気にせず、自由にやりたいと思っています。実際は年齢よりもモチベーションですね。僕の場合、政治家をやるモチベーションは怒りで、大阪の改革に取り組んできたのも怒りからです。ですが、今の政府にはそこまでの気持ちはありません。立憲民主党や共産党が政権を取ったら、やるかもしれませんが」

（インタビューは二〇一七年二月二十二日、二一年六月二十四日）

吉村洋文——「多極分散の成長型の国家を目指す。それが日本の将来像」——

日本維新の会副代表、大阪府知事、弁護士。

一九七五（昭和五十）年六月十七日、大阪府河内長野市生まれ。大阪府立生野高校、九州大学法学部卒業。九八年に司法試験に合格。司法研修を経て二〇〇〇年に弁護士登録。一一年に大阪維新の会から大阪市議選に出て当選し、一期目の一四年十二月実施の衆院選に維新の党の公認で出馬して比例代表の近畿ブロックで初当選。九カ月余で衆議院議員を辞職し、一五年十一月の大阪市長選に出馬して当選。大阪維新の会の政調会長となる。一九年四月の「大阪ダブル・クロス選挙」で大阪市長選に挑む松井知事と入れ代わりで府知事選に出馬して当選。八月に日本維新の会副代表に就任。二〇年十一月からは大阪維新の会代表となり、現在に至る。

「大阪モデル」の決断

――二〇二〇年一月の新型コロナウイルス襲来の直後、大阪府知事として行った三月十九日の往来自粛要請の決定、四月七日の政府の緊急事態宣言への対応、十五日の大阪府独自の支援金給付の発表、二十四日の非協力パチンコ店名公表の表明、五月一日の休業要請の段階的解除の意向表明、五日に「大阪モデル」といわれた自粛解除の独自基準の決定、二十一日以後の緊急事態宣言解除への対応などが大きく報じられ、コロナ第一波の際の大阪府の取り組みが全国的に注目を集めました。

「『頑張れよ』と応援してくれる方がいたのは本当にありがたいと思いましたが、成果があるかどうか、自分では分からないまま進んでいましたので、不安がありました。初めてのウイルスが日本にも入ってくると受け止め、国やほかの自治体より早く、新型コロナウイルス対策本部を立ち上げました。初めてのウイルス襲来で、恐怖感が社会全体を覆うので、それを和らげる対策が必要だったからです。国はどちらかというと情報は控えめにという話でしたが、逆に基本方針として、入ってくる情報をどんどん公開していこうと思いました。

『大阪モデル』は僕自身が決断しました。二〇年五月一日、連休明けに解除の予定だった緊急事態宣言を、政府が『連休後も延長』と打ち出したとき、社会・経済を元に戻さないと非常にまずいのでは、と思いました。感染が抑えられてきている傾向も把握をしていましたから、今後は出口戦略を作って、社会・経済の命を守らなければ、と延長の議論が出たあたりから自分の思考をシフトチェンジしていった感じです。緊急事態宣言は五月六日までと府民にも一所懸命、訴えて、何とか一ヵ月で抑えると言ってきた。それが漫然と無条件に延長されると聞いて、感染者が減っているのに、ちょっと待てと思いました。『大阪モデル』を府民の皆さんと情報を共有するために考えたのが、通天閣や万博公園のライトアップの光の色を使い分けるやり方です。危ないときは赤、要注意は黄色、注意しながら社会・経済を動かすときは緑にする。府民の皆さんとのリスクコミュニケーションですよ。状況を隠さず、みんなに認識してもらわなければなりません」

――緊急事態や非常事態に直面した政治指導者に不可欠の資質とは何だと思いますか。

「一言で言うと、勇気でしょうね。判断し、決断して実行する勇気。危機時におけるリーダーシップとして最も重要で、それは選挙で選ばれた政治家がやるべき仕事です。官僚、職員、専門家は知識や政策の立案という意味で優秀だと思います。その意見を聞いて議論していくけど、その人たちは決断というところに行き着かない。危機の場合、時間が遅くなると、手遅れになる可能性がある。前例がなくともやると判断し、決断して実行できるか。最後は勇気だと思います。正解があるわけではないから、怖くなるときもありますけど、自分なりに勇気を持ってやろうと自分に言い聞かせてきました」

満点でなくても許容する社会

――コロナ感染は、二〇年春の第一波、夏の第二波に続き、十一月下旬から第三波に見舞われました。大阪府では第二波の後、どんな対応と対策を。

「二〇年の夏、ひょっとして冬にコロナが大流行し、重症化する患者が増えるかもしれないと考え、ICU(集中治療室)も人工呼吸器も簡単に確保できないので、東京と大阪に一カ所ずつ国立のICUセンターを、と提案しましたが、国は却下した。それで独自に大阪にコロナ重症センターを造りました。

悩んだのが人の問題です。設備だけ造って医療に携わる人材が集まらなかったらどうするのかという批判もあった。でも、やらなかったらゼロです。冬の感染再拡大に備えて、設備だけでも、ということで始めました。もちろん参加してくれる看護師さんの研修なども併せて進めてきました。フルで動かすには一三〇人が必要ですが、五〇人くらい集まった。第三波で非常に厳しい状況になりましたが、最終的に一三〇人が確保できて、十二月十五日にフルで動かせる形でスタートしました。

未知のウイルスとの戦いでは、問題解決のために、対応が百点満点でなくても許容する社会が重要です。僕がやってきたことも、反省すべき点はたくさんありますが、少なくとも今、問題解決に必要なのは、逃げずに正面から問題をとらえて立ち向かうことだと思っています」

――知事として危機を克服するのにどんな姿勢が重要ですか。

「感染状況について逐一、情報を把握し、的確に分析して、感染症対策と社会経済活動維持の二つのバランスをきちんと取っていく。この舵取りです。緊急事態宣言は社会経済活動を止めるから、強烈なダメージを受ける。どちらかに完全に偏るのは難しい。大阪では、確保している病床だけでなく、実運用数も公開して、毎日、ホームページで数字を出しています。いい情報も悪い情報も公開し、府民とリスクを共有する。過度に社会を抑え込むことはせず、一方で感染を防いで両立を図る。行政の長に求められているのはそこではないかと思っています」

――菅首相に要望はありますか。

「国のトップとして、国の方向性を強く発信してもらいたい。感染症対策と経済の両立が一番の課題で、地方自治体もその方向で取り組んでいます。正解はないのですが、両立を目指している理由を国民の皆さんにきちんと発信することが重要と思います」

都構想はあくまで手段

――大阪都構想は二〇年十一月一日、「今回が最後」と公約して二回目の住民投票に挑戦しましたが、約一万七〇〇〇票差で否決に終わりました。

「僕や松井代表など、大阪維新の会のメンバーに、都構想の必要性を十分に説明する力が足りなかった。それが何よりも大きな理由だと思います。

大阪府と大阪市が最も力を発揮できる仕組みは都構想、と今でも僕は思っていますが、皮肉なことに、橋下市長時代以来、府と市による二重行政の打破を目指して、橋下さんと松井さんが種を植え、その後、僕と松井さんが府・市一体の改革をどんどん推し進めたため、この一〇年で府・市の改革が進み、大阪は成長しました。

一回目の一五年の住民投票の否決の後、地下鉄民営化、大阪府立大学と大阪市立大学の統合、府・市一体での二〇二五年大阪・関西万博の誘致成功など、府・市一体の果実が生まれ、大阪市民の皆さんが効果を実感した。府と市の役所の統治機構改革という外科的手術の大阪都構想をやらなくても、今の状態が続けばいいのでは、と思うようになった。そういう評価を受けた部分もあったのでは、と思います。

一方で、『大阪市の廃止』という反対派の訴えがものすごいパワーワードとなり、逆に大阪市がなくなるのが何となく不安という声が大きくなった。逆説的ですが、都構想が実現して府・市一体となっていたら、今の維新は組織としての存在価値がなくなる、と僕は思っています。

実現できなかったから、府・市の垣根を超えた大阪維新の会は、府・市がばらばらにならないような仕組み作りや改革を継続していかなければならない。新たな存在意義が生まれたと見ています。われわれからすると、やってきた改革が評価されているという一面と、一方で、目指してきた都構想が遠いところに行ってしまったという矛盾が絡み合った住民投票だったと思いますね」

――維新は都構想を「一丁目一番地」と位置づけてきました。再否決によって、政党として、価値観の共有、党のアイデンティティーに懸念が生じるのでは。

「否決は受け入れなければならないと思っています。ただ、都構想はあくまでも手段で、府・市一体で成長戦略を実行して東西二極の一極、副首都を目指すのが大きな目標です。そこはぶれずにこれからも進めていきたい」

――大阪の将来に関して、中国共産党の香港支配という動きに伴って国際金融都市・香港の没落が現実となった場合、代わって大阪が名乗りを上げ、受け皿を引き受けるべきだと唱える声もあります。

「そういうプランもあります。最近、それも宣言しました。経済団体と事務組織を立ち上げ、「国際金融都市・大阪」を目指す方向で、金融のプレイヤーの皆さんを交えて、今、具体的に動き出しています。

ただし、われわれが考えているのは、東京やニューヨーク、ロンドンのような国際金融都市ではなく、エッジを利かした国際金融都市です。歴史的に米の先物取引が世界最初に始まった大阪は、先物取引所、デリバティブ（金融派生商品）などに特化する。もう一つは私設取引システムやフィンテック（金融と技術を組み合わせた新しい金融サービス）など、日本でまだ広がっていない分野に照準を合わせた国際金融都市を目指す。デパート型でなく、ブティック型の国際金融都市です。

一番大きなハードルは国の税制ですね。これが変わらない限り、無理です。ただ、菅政権は国際金融都市を目指すと言っています。既得権と戦う政権、と僕も認識していますから、競争相手の世界の都市と戦える税制の土台を整えてもらいたい。

菅首相はコロナ対応で批判を浴びていますが、言ったことを実行する強烈な実行力を持ったリーダーです。自民党ではなかなかできない規制緩和などに切り込んでいく首相と見ています。国際金融都市も、税制で財務省の反発が予想され、簡単に行かない分野ですが、日本の将来を考えて今までできなかったことを実行する菅首相に強く期待しています」

政治家としての野心はない

――大学卒業後のスタートは司法試験合格、弁護士登録です。なぜ弁護士の道に。

「普通の中小企業のサラリーマンの家庭で育ちました。身近に法曹や政治家は誰もいません。ですから、小・中学生のときは思っていなかったけど、今から振り返ると、中学のとき、公民の科目の資料に載っている憲法の条文を、面白いなと思って読んでいたんです。『法の下の平等』で、力がある人、金持ち、そうでない人も、法は平等に適用される。この世界は面白いなと思って見ていました。中学で勉強が結構できて、高校は地元の有名な公立の進学校に進みました。中学までは弁護士は別世界の人たちの仕事と思っていましたけど、高校のとき、学校に来たOBの弁護士、企業経営者、政治家などの話を聞く機会があり、身近だなと思った。狙ったら行けるのでは、と思い始めました」

――一九年四月に、当時の松井大阪府知事が大阪市長選に、吉村市長が府知事選に出馬して当選し、知事と市長が入れ代わりました。

「無茶苦茶なやり方ですけど、あのとき、入れ代わったのは、都構想を実現させるためでした。府知事は大阪市長と同じような仕事が多い。知事になって、四年弱の大阪市長の経験がすごく役に立っていると思います。市長の経験がだいぶ生かされているので、府知事になってから、仕事のプレッシャー、ストレスはほとんどないですね」

――都構想の否決の後、松井市長が大阪維新の会代表を辞任し、吉村知事が後任の代表に就きました。

「僕自身、都構想推進の二枚看板の一枚ですから、戦国時代だったら二人とも打ち首ですよ。松井さんに『僕も責任を』と話をしましたが、松井さんから『強い支持も受けたから、引き続いてやっていくのも一つの責任の取り方。やってもらいたい』と言われ、ここで政党を背負うのも責任かなと思った。

ただ松井さんの指名による代表承継ではなく、『選挙を』と僕から進言しました。選挙をやらないと、負けた責任を取ったことにならない。松井さんは選挙の必要はないという考え方でしたが、分かってくれました。それで初めて代表選挙を実施したのです」

――松井代表は「一期目の任期満了の二三年で大阪市長を辞め、同時に政界から引退」と表明しました。政界引退ですから、日本維新の会代表も辞任する覚悟と映ります。

「松井さんらしい判断です。僕は続けてやってもらいたいと思いますが、都構想を掲げて維新の会を立ち上げ、それが否決となったとき、政治家として切腹の道を選んだ。

前代表の橋下さんも同じで、政治家でいることよりも、政治家として何をするかが重要というのが基本的な思想です。政策とともに生き、政策とともに死ぬ。近くで見てきて、それが松井さんの生き方です」

――吉村知事も同じく二五年の万博の前、二三年に一期目の知事任期満了を迎えます。当然、二期目も、とお考えですか。

「まず向こう二年間、一所懸命に頑張ります。与えられた任期ですから、コロナ対策を含め、万博の成功と大阪の成長に向けてきちっとやり切りたい。その先のことは今は考えていないです。そのときに自分の出処進退も考えたいと思います」

――将来、府知事の後にもう一度、国政へ、とお考えですか。

「もちろん府知事の任期中は一所懸命やります。ですが、将来、国政という考えは全くないんです。大阪の成長を実現させ、その後は橋下さんみたいに民間人で自由奔放に生きるほうが自分に向いているだろうなと思いながらやっています。政治家の仕事を本気でやったら、こんなにしんどい仕事はありません。国政に行きたいとも思わないし、政治家としての野心はないですね」

東京一極集中打破を

――大阪維新の会代表とともに、日本維新の会の副代表をお務めです。大阪の問題とは別に、国政政党である日本維新の会が、今後、都構想抜きの党としてどういう方向を目指すのか、その点

に関心を示す国民は少なくありません。どんな構想をお持ちですか。

「やはり地方自治ですね。維新として『統治機構改革』を貫くべきだと思います。それから『身を切る改革』と『既得権改革』の三本柱が、国政政党として維新が目指すべき大きな方向性だと思っています。

今の自民党を見ていて、自民党をピリッとさせる政党が絶対必要です。ぼやぼやしていると取って代わられる政党があることが、自民党をよくする。国をよくすることにもつながる。そういう野党が必要ですが、今はない。反対ばかりでなく、現実的な提案もする。自民党に問題が多かったら、代わって任せてもいいのではと思う現実的な野党です。維新が目指すべき野党の姿はそこだと思います」

――維新は国会では衆議院が一一議席で野党第三党、参議院は一五議席で野党第二党です。

「自民党に取って代わるだけの力はまだありませんが、可能性は秘めていると思っています。大阪で証明しているからです。大阪では自民党と維新はぶつかり、同時にある意味で切磋琢磨しています。こういうやり方で自民党をピリッとさせる。

可能性という点では、日本の将来像を考えたとき、やはり地方自治重視の統治機構改革から改革のうねりを作っていくべきです。都市が成長する仕組み、地方自治が力を発揮できる仕組みを国政の場で作る。国会で切り込めるのは維新しかないと思っています」

――松井市長は次期衆院選で一〇〇人の候補を擁立すると打ち上げました。

「維新が『改革政党』を正面から打ち出せば、すぐには無理でも、衆院選を三回くらい戦えば、何とかなるかもしれない。松井代表は『野党第一党を』と、えらい高い目標を掲げていますが（笑）。

コロナ危機で、東京一極集中がいかに脆弱で危険か、多くの人が認識したと思います。多極分散で行かなければ、と思い始めた。テレワークも含め、いろいろな最新技術を使えば、そのほうが豊かに暮らせるのでは、という空気も出てきています。東京一極集中を打破して多極分散で強い都市を造る。その必要性はコロナ禍において再認識されやすい時代になっていると思っています。

多極分散の成長型の国家を目指す。それが日本の将来像ではないかと思います。この点を今年の衆院選で訴えたい。それぞれのエリアで都市が成長するという新しい国家の姿を掲げていきたいと考えています」

（インタビューは二〇二〇年六月二十三日、十二月十八日）

馬場伸幸――「統治機構の改革は、あきらめない」――

日本維新の会幹事長、衆議院議員。

一九六五（昭和四十）年一月二十七日、大阪府堺市生まれ。大阪府立鳳高校を卒業後、三年間、「オージーロイヤル」（現「ロイヤルホスト」）でコックを勤め、八六年から中山太郎（当時は参議院議員。後に衆議院議員。元外相）の秘書となる。九三年に堺市議補選で当選（自民党）。二〇一二年まで六期在任し、一二年十二月の総選挙に日本維新の会公認で大阪一七区から出馬し、初当選。維新の党国会対策委員長、おおさか維新の会幹事長を経て現職。

「堺で旗振り役になってくれ」

――維新に参加することになったきっかけは。

「橋下さんが最初に選挙に出た二〇〇八年一月の大阪府知事選の際、堺市議で自民党大阪府連の青年局長だった私は、前年から自民党・公明党推薦の橋下さんの選挙対策本部に入ってお手伝いをしました。その後、〇九年の堺市長選挙で、自民、公明が推薦し、民主党と社民党が支援する現職市長と、橋下府知事が応援する大阪府庁出身の新人が争いました。自民党だった私は現職市長を応援し、堺市長選は敵・味方でした。

橋下さんとも松井さんとも、しばらくは絶縁状態でしたが、一〇年に大阪府、大阪市、堺市の三議会で大阪維新を立ち上げたときに松井さんから『飯みに行こうや』と電話がかかりました。何回も断ったのですが、断り切れなくて会いました。松井さんは『大阪の政治を大阪の自民党に任せてたら、つぶされてまう。大阪に新しい保守勢力を作ろう、思うんやけど、堺で旗振り役になってくれ』と言われました。それは堺市議でずっと感じていたことでしたから、私の考えとぴちっと合った。

一一年の統一地方選で、大阪維新は大阪府議会で過半数を取り、大阪市会と堺市議会で第一党となりました。大阪都構想もそのころに出てきましたが、法律改正が必要になりますので、国政に足を掛けておかなければということで、大阪府、大阪市、堺市の三議会から一人ずつ、とりあえず先遣隊として国会に、という話になりました。堺市議会からは私が衆院選に出ることになり、一二年十二月の総選挙に大阪一七区から出馬しました」

——衆議院議員に初当選して、「永田町政治」をどう受け止めましたか。

「私は国会議員の秘書上がりで、議員会館に四年勤めていたので、トレーニング期間もあったし、当時の知り合いもいた。ですが、市議会とは議会の仕組みや改革のスピードが違う。前例、慣例の国会には、改革しなければということが目茶苦茶あると思いました」

——どんな政治家を目指してきましたか。

「秘書時代、お仕えした中山太郎先生から、臓器移植法などの議員立法の重要さを勉強させていただいた。地元の堺市議で肝臓を悪くした方が、肝移植しか方法がないという話になり、アメリカに行った。『生体肝移植は外国に行かなければだめだけど、何とか日本でもできるように』とその方が中山先生におっしゃった。医師だった中山先生の頭の中にそれが強烈に残っていて、議員立法を懸命にやり出したわけです。私も議員立法をやっていきたい。その後に憲法改正ですね。中山先生はこの問題にも一所懸命でした」

——ここまでの人生で一番苦しかったことと、逆に一番うれしかったことは何ですか。

「私は高校卒ですが、高校を出て三年間、大阪で外食レストランのコックをやっていました。三交代できつかった。サービス残業は当たり前の時代で、正月も盆もない。働くということがどれだけしんどいことか、徹底的に植え付けられました。つい二〜三年前まで、一年に一回くらい、その仕事をしている夢を見たんです。どんどんオーダーが入り、追いまくられて、どないしようという夢です。

私はもともと政治家志望ではなかった。実業家を目指していたんです。秘書にさせてもらったのは、商売をする場合に社会勉強が必要で、人と人とのつながりを勉強させていただこうと思ったからです。ところが、堺で市議の補欠選挙があり、中山先生から『おまえがやれ』と候補に指名された。でも、当選した瞬間、『この業界に入った以上、絶対にトップになったる』と思いました。首相を目指すには、国会議員にならなければ、資格がない。そこへ近づいたわけで、一応、有資格者の一人となったのが一番うれしかった」

国政政党としてのビジョン

――衆議院議員初当選から七年後の二〇年一月、コロナ危機が襲いました。大阪では大阪府と大阪市の両方の行政を維新が掌握しています。

「緊急事態では、先手を打つことが必要です。いろいろな批判もありますけど、吉村知事は先手、先手でやっています。一度、後手に回ると、なかなかリカバリーできない。緊急事態では、結果的に間違っていたということになるかも分からんけど、先手を打つ。もし大きく狂っていれば、自分で責任を取る。これが維新スピリットです。大阪では住民の皆さんも『吉村知事は一所懸命、やってるやん。頑張ってる』と思っている人が多く、支持されていると思います。

松井市長との連携という点では、指揮官が何人も登場して、ああでもない、こうでもないとやると、余計、混乱します。指揮官を吉村知事一人にして、その下で全員が動く。二人は毎日、何回も連絡を取っていますから、意思疎通はできています。松井市長が一歩後ろに引いて、吉村知事を前面に立てているという感じですね」

――二〇年十一月一日、コロナ危機の下で、大阪都構想の二回目の住民投票が再否決・廃案となりました。次期衆院選への影響は。

「影響は全くないと思います。大阪での維新の支持率は、住民投票の後もほとんど変わっていません。大阪の皆さんは大阪での維新の実績を評価してくれています」

――大阪都構想が挫折した後、国政政党としてどんなビジョン、政策目標を目指す考えですか。

「日本維新の会は地方政党の大阪維新の会が母体という稀有な政党です。『地方から国を変える』をスローガンに、具体的な政策として大阪都構想を唱えてきました。ですが、全国で同じことを、と言っているわけではありません。地域に合う形で行財政改革を進め、住民の方々に税金を還元する。そのツールの一つが大阪都構想でした。大阪都構想が否決されたからといって、すべてがだめになるわけではありません。

統治機構の改革は、あきらめない、やめない。具体的には、大阪府と大阪市の権限を一元化させる一元化条例が成立しました。もともと公明党が提案した総合区制度も、大阪市会で協議が進んでいます。都構想が成立しなくても、中身のエキスが具現化すればいいと思っています。日本維新の会はそれをベースに『統治機構改革を』と全国に呼びかけていく。それが一番の使命ですね」

――遅くとも二一年十一月までに行われる次期衆院選で、維新は何を訴えますか。「新所得倍増計画」を

「今回、コロナ危機に直面して、戦後七六年間やってきたことがすべてリセットされつつあると思うんです。『変わりたくなければ、変わらないといけない』ということです。今まで自分たちが経験してきた日々の生活を変えたくないなら、中身を変えなければ。

高度経済成長期に人口も税収もどんどん増加し、税金をどこに使うか、どこに配分するかが政治家のメインの仕事だったと思いますが、大転換となりましたから、新しい日本の形を作らないといけない。そのために『日本大改革プラン』を作成し、二一年四月の党大会で打ち出しました。次の総選挙はそれを旗印として戦うことになると思います。

国民の身近な問題である税制、社会保障、成長分野の創生について、自民党の政権は、中途半端というか、ずっと弥縫策《びほうさく》でやってきていると思います。二一年の通常国会で、七五歳以上の後期高齢者の医療費自己負担を一割アップした。世代間の負担の均衡化を図ると説明していますが、実際に若い世代の医療費が軽減されるのは年間七〇〇円です。毎月六〇円では、説明と中身が全く釣り合っておらず、弥縫策です。

現在の日本は、大前提の内外の状況が大きく変わりつつあり、それに合わせた大改革をパッケージでやっていく。われわれが『維新八策』の中で訴え続けてきたことを完全にパッケージにして税制、社会保障、成長戦略について具体案を提案したのです」

――日本は「失われた三〇年」の後にコロナ危機に見舞われ、「衰退経済」「先進国脱落の危機」が問題になっています。維新は一方で、一九六〇年代に池田勇人元首相が提唱して実現を目指した「所得倍増計画」を訴えていますね。

「われわれは、フローからストックへ、課税を移行させ、最低所得保障である『ベーシックインカム』を導入して、現役世代が自由に使える『可処分所得』を増やしていく政策を唱えていますが、ちょっと分かりにくいので、池田元首相の言葉を借りて『新所得倍増計画』と訴えているんです。僕らの試算では、年収五〇〇万円という標準世帯で考えると、可処分所得が二〇〇万円増える。今、非正規とか契約社員とかフリーターの方が増えて、年収三〇〇万円以下の割合が大きくなっていますが、ベーシックインカムを通してセーフティーネットと可処分所得の両方で安心感を持ってもらう。

政治は基本的に国民の皆さんに夢や希望を感じていただくことが大事だと思います。どんどん生活が良くなっていくという夢と希望を実感できる時代をもう一度、ということです。一九六〇年代の高度経済成長期は無理としても、成長なくして、裕福な気持ちとか満足度とか幸福度は絶対に上がってきません。ところが、三〇年間、GDP（国内総生産）はほとんど成長していません。GDPを上げる方法は二つあって、新規にグローバルな産業を生み出すために国策として国家がそういうところに資金を投入していく。もう一つは、GDPの六割を占めているといわれる個人消費を伸ばす。両方でやっていかなければ」

「急がば回れ」のスタイルで

――維新は四月の党大会で、次期衆院選での「一〇〇人擁立」を打ち出しました。目標とする獲得議席数は。

「最低目標として、衆議院で法案を出せる二一人ですね。そこからどれだけ上積みしていけるか。五一人を超えると、予算関連の法案も出せるようになります。国会での重み、存在価値も変わってくると思います。具体的な獲得目標はそのへんに置きたい」

――維新は大阪では府知事、大阪市長、堺市長を握り、府議選、大阪市議選とも圧勝なのに、前回の衆院選では大阪の一九の小選挙区で当選者はわずか三人でした。

「一七年総選挙は、小池百合子・東京都知事が率いる希望の党との間で、東京と大阪はすみ分けという選挙協力をやりましたので。でも、『維新、何してるんや。もっと頑張らんかい』という声は多かったですね」

――維新が国政政党としてこれから躍進しようとすれば、大阪だけでなく、全国で幅広い支持を獲得する必要があると思います。

「橋下旋風が吹いていた『ベンチャー政党』の時期が終わり、『既成政党』に移行していきましたが、その後、いい意味で既成政党化していると思っています。勢いとか風とかマスコミの報道に乗って躍進するのが『ベンチャー政党』の特徴ですが、それだけで突っ走っていた時代から、地に足を付けて活動する時代になって、ようやくわれわれの訴えや姿勢が浸透し、結果が出始めているという感じです。今は活動や発信をきちんと評価してもらえる状況になってきました。『急がば回れ』のスタイルでずっとやっていくしかないと思います。

地道に党勢の拡大を図るなら、まず全国で地方議員を増やしていく。地方議員が増えてきたところでは、維新が推す首長が誕生します。そうやって順を追っていかないと無理だと思います。地域的には、われわれが訴えていることを最も理解していただきやすいところはやっぱり都市部で、そこで集中的に候補者も擁立をしていきます」

――橋下元代表は一五年十二月に政界から引退しました。松井代表も「二三年の大阪市長任期満了で引退」と明言しています。維新はトップリーダーの人材の問題も今後の大きな課題ではないかと思います。

「松井さんは『自分たちは第一世代で、次の時代は第二世代で』という言い方をしています。吉村知事を始め、第二世代には優秀な人が多くいますから、スター選手が育ってくるのではないかと思っています」

――初当選のときから「将来は首相に」という気持ちを持ち続けているのでは。

「それは政治家になったときからの個人的な思いで、この世界に入った以上、トップを目指してやっていくという思いは今も変わっていません。ですが、私の場合、個人的なタイプとしては、子供のころからずっと周りの人に支えてもらって何かにチャレンジするっていう人生を歩んできています。橋下さんは『エースで四番打者』で、誰が打たなくても、誰がエラーしても、自分でがんがんやるという感じですけど、僕はそういうタイプではありません。やっぱり政党の組織力と団結力を高めなければ、と思っています」

政権参加の可能性

――維新は党の人材という点で、人選びに問題があり、党としてのガバナンスが問われている面があるように思います。

「個人情報の保護が言われる今の時代、『身体検査』と呼ばれる人物の事前調査は非常に難しいですね。SNSでチェックするとか、そのくらいしかありません。選考しているわれわれに目がないと言われると、まあそのとおりだと思いますが、現実には難しいです。

ガバナンスという部分は、政党としてはまだまだ未熟だと思います。最初、候補者を集めるとき、公募というスタイルで始め、今も継続してそのやり方を取っていますけど、非常にオープンで、いい部分もありますが、政治的に未熟という人をなかなかチェックできない。面接で分かるのは、その人の知識といった部分です。そこは頭痛いところです。あまりにも政治慣れしている人も、こちらとしては警戒します。そのバランスですね」

――与野党が対峙する中央政治の構図の中で、維新はどんな路線を目指しますか。

「維新は与党ですか、野党ですかとよく聞かれます。私は地方議会の出身ですが、地方自治は首長と議員が別々の選挙で直接、住民から選ばれる『二元代表制』です。首長が出してくる議案に、必要なら賛成し、おかしければ修正をかけ、間違っていれば反対する。有権者が政党に求めている役割はそれだと思います。ところが、議院内閣制の中央政治は、いつも与党、野党のどっちかという話です。われわれは与党と野党の間の『ゆ党』と言われたりしますけど、国民本位のスタンスを変える気はありません。与党べったりとか、野党の側で勢ぞろいというのは、何か違うのではという気がします。

菅政権に対しても、変わらず是々非々路線でやっています。同時に、ほかの野党に対しても是々非々で、協力できる政党、協力できる部分については、協力しながらやっています。初めから予定調和を前提に、国会運営をコントロールするというのではなく、だめなものはだめ、良いものは良いという姿勢は、それはそれで評価されていると思います」

――菅政権に対する採点は。

「誰がやっても難しい局面で、一所懸命にやっていると思いますね。対コロナのワクチン接種では、最初、もたもたしましたけど、二一年の春以降、接種回数、接種人数とも、一気に伸びています。今まで経験したことがない問題で、前例、慣例がない仕事に対応していかないといけない。特に公務員の皆さんが一番苦手な分野です。その中で、先頭に立ってやってきた。十分、合格点ではないかと思います」

――次期衆院選で、もし自民党と公明党だけで政権維持が困難という場面が生じたら、維新は政権に参加することも考えていますか。

「その局面が来れば、中に入って一緒にやるという可能性はゼロではないと思います。ただ、そのときには、われわれが長年訴えてきた政策について、実行してもらうという確約がなければ。過去に連立を組んでしばらく一緒にやっていて、気がついたら、吸収されて終わりという例もありましたが、そういう道はたどりたくない。やるべきことをやらせてもらえるのであれば、協力は惜しまないということになると思います」

――野党の立憲民主党と国民民主党をどう見ていますか。

「立憲民主党は先祖返りして、新一九五五年体制のような状態で、ちょっとひどすぎますね。憲法審査会への対応もそうですが、法案の中身とか重さとか、何をやるべきかといった大義名分が何もない。単にいろいろな手法を使って国会対策で駆け引きをやって、自分たちが国会をコントロールしていると、メディアを通じて訴えているだけです。

国民民主党とは、われわれは政策的にはかなり考え方が近いと思います。国会での質問を聞いていても、なるほどと思える論点で質問しています。今年の通常国会で、中国の海警法の改正に対抗しうる自衛隊法と海上保安庁法の改正を、衆議院でわれわれと国民民主党が初めて共同提案しました。一致する部分があれば、まず共闘していくのが大事だと思いますが、いきなり結婚を考えるのはちょっと……(笑)」

(インタビューは二〇一六年一月十八日、一七年十二月二十七日、二一年六月十日)

浅田均――「ベンチャー型の政党という新しい維新モデルを」――

日本維新の会政務調査会長、参議院議員。

一九五〇（昭和二十五）年十二月二十九日、大阪市城東区生まれ。大阪府立大手前高校、京都大学文学部哲学科卒。日本放送協会（NHK）に入り、アメリカに留学してスタンフォード大学大学院修士課程修了。その後、経済協力開発機構（OECD）日本政府代表部専門調査員として渡仏。九八年に帰国し、九九年に大阪府議に当選（自民党）。二〇〇八年に自民党大阪府議団幹事長となる。一〇年の大阪維新の会の結党後、大阪府議時代から政調会長を務め、日本維新の会（旧）政調会長、維新の党政調会長代行、おおさか維新の会政調会長を経て現職。府議で五回当選し、一六年の参院選に大阪府選挙区から出馬して当選。現在一期目。

日本は「成功した社会主義国家」

——政権が安倍晋三前首相から菅首相に交代して一年近くが経過しました。

「コロナ危機についていえば、日本人が初めて経験する世界的なパンデミックと全国的な大流行で、ウイルス感染症の専門家も含めて暗中模索で対応せざるをえなかった。その中で、世界的に見て比較的感染が少なかったというこれまでの結果から見ると、途中でGoToキャンペーンなんて失敗もありましたが、それなりの対応をしたと思っています。

ですが、外交に関しては、僕は不満を持ってます。中国は尖閣諸島が自分の領土だという主張を裏付けるために、海警局の船を日本の領海内に入れるとか、あれだけのプレッシャーをかけてくるわけですよ。それじゃあ、日本も竹島に対して同じようなことやっているかというと、全然やっていない。中国は、いい意味での反面教師なんです。領土を守るというのは、要するにこういうことで、外交だけではできません。

口先だけでなく、力と力のぶつかり合いみたいな背景があって、初めて主張ができる。外交と軍事は表裏一体の関係と思うんですけど、外交だけでやろうとする。そういうところが弱いですね。安倍内閣時代、安倍首相が攻めて、そこで何か問題が生じたときにカバーする役目の官房長官というポジションだったのが、いきなり首相になった。菅首相の下の加藤勝信官房長官がうまく機能していないなという気がしますね。

外交は外交官の交渉だけでは成り立たない。その後ろでバックアップしている力があって、初めて外交ができるというのが現実です。いろいろな国を相手に外交をやっていくためには、ここまでやるのかっていう中国のような狡猾《こうかつ》さみたいなものがなければ。菅首相はそういうところをあまり見ていないというか、理想論に走りすぎているような気がしますね。そういう点はこれから学習されていくと思いますよ」

――**維新は二〇年十一月の大阪都構想の住民投票が再否決になった後、二一年四月の党大会で「日本大改革プラン」を提起しました。**

「都構想という目玉がなくなったので、次の衆院選で何を打ち出していくか、二〇年の暮れからいろいろ考え、統治機構の改革というテーマは残っているけど、僕らは『自民党にできないことができる政党』という基本的な考え方に立って、取り上げるテーマを構想しました。維新と自民党が、アメリカの共和党と民主党みたいな関係になったらいいなというこことで、自民党には絶対できない、というのが規制改革の部分です。規制改革と税制改革で大きな民間経済を作っていく。それと社会保障制度改革です。自民党が弱いところを全面的に出していこうと思いました。

社会保障でいうと、年金制度を維持して持続可能なものにするには、支給分を減らしていく必要がある。そうすると、すごく所得の低い高齢者ができてしまう。そういう人たちの所得を保障するために、最低所得保障制度が必要だ、と。

セーフティーネットを張った上で、成長産業への人の移動とか、解雇の規制緩和とか、自民党にできないことをやっていかないと、三〇年も停滞したままの日本経済は、この先の三〇年も停滞したままとなる。日本の潜在成長率は一・九パーセントといわれてますが、そこまで行っていない。潜在成長率を高めるには、規制緩和が必要で、停滞産業に人がとどまっているような労働政策もだめです。成長産業に人が移動していく。そういったことを安心して進められるような制度改革が必要です。

そういう主張は多分、自民党にも立憲民主党にもできない。セーフティーネットを張って、所得を保障し、労使共に、皆さんに安心して新しい成長産業に移っていってくださいと言う。それを全面的に打ち出せるのは維新だけ、という話をずっとしています。

僕らには、日本は『成功した社会主義国家』という意識があります。規制が多い。国の関与が多すぎる。僕自身、本来、チープ・ガバメント論者です。政府がやることはできるだけ小さく、税金はできるだけ少ないほうがいい。後は民間に全部やってもらうという考えです。いまだに日本は、UR（都市再生機構）とか農林中央金庫とか、官僚OBの天下り先としての組織みたいなのを持っていますが、全部、民営化して、もっと大きな民間経済を作り、経済を成長させる。そういう政策を前面に出して主張する政党は維新しかないんです。

そうすることによって、アメリカのような二大政党に近づくのではないか。外交とか憲法とかエネルギー問題など、重要な点で大差ないけれども、経済政策や社会保障制度や税制、働き方改革などでかなり違いを出して、選択肢を有権者に示したい」

今の段階では「最低所得保障制度」

――「大改革プラン」と同時に、「ベーシックインカム」の導入を打ち出しました。

「ベーシックインカムという言い方は、ばらまきの印象があります。ですが、二〇年に実施した一人一〇万円の特定定額給付金のように、全国民に支給するなら、そういうことになりますけど、所得が保障されていない人たちに限定してやるのは、ばらまきとは違います。民主党政権時代に『給付付き税額控除』という言い方がありましたが、あれに近い制度です。

維新の活動は行政改革から始まりました。『身を切る改革』で必要な財源を生み出し、給食無償化とか私立高校の授業料無償化とか、現役世代のためになる政策の展開のための財源として使っています。それで可処分所得を増やすのはいいんですが、それ以上、増やしていく必要がある。

ベーシックインカムは現段階ではばらまきになってしまうと思いますが、近未来的にAI（人工知能）が人に代わってしまう段階となって、職を失くしてしまう人が出るとすれば、そういう人たちの消費を喚起するために、ベーシックインカム的な制度は『あり』と思います。ですが、今の段階では『最低所得保障制度』という言い方がいいのでは、と思い、それでまとめました」

――実際に導入を図るとなると、霞が関の官僚機構の抵抗が大きいのでは。

「抵抗はありますね。マイナンバーカードの普及も、個人の所得を捕捉されるのをものすごく嫌う人たちがいて、口座とのひもづけが全然進まないでしょ。ベーシックインカムや最低所得保障制度も、それに近い。給付しようと思うと、所得を把握する必要がありますけど、その部分がハードルになるだろうと思ってます。総務省があれだけ言っても、マイナンバーカードに運転免許証や保険証を埋め込む作業ですら、なかなか進まない。

そういう意味で、将来、DX（デジタルトランスフォーメーション。IT技術の浸透によってあらゆる面で生活をよりよい方向に変化させること）をどう進めていくかがこれからの日本の成長にとってキーになります。デジタル庁を作って、うまくコントロールできるのか、舵取りができるのか。日本の成長に関わる非常に重要な点だと思います」

――最低所得保障ということになると、例えば生活保護、医療扶助や住宅扶助などの生活保障に関する現行のセーフティーネットの一元化を図るのですか。

「一元化できる部分とできない部分があります。生活保護は最低生活保障に取り込まれるといっても、生活保障のうち、医療扶助や住宅扶助の分までは取り込めないから、残さざるをえないです。そうすると、新たな制度が付け加わるだけで、狙いはシンプルな仕組みに、ということなのに、かえって仕組みが複雑になってしまう。それは避けたいと思います。『フラット・タックス』という言い方をしていますけど、言うのは簡単で、現在、いっぱい存在する各種の控除をなくしたら、結局、ものすごい増税になってしまう。そういうところもトータルで考えていく必要があります。

どこから打ち出していくのがいいかというと、やはり給付付き税額控除かなと思います。税金を納めている人には、減税はありがたい話だけど、納税していない人にはメリットがないわけですすよ」

今は攻めよりも、待ちの姿勢

――「大改革プラン」を実現するには、国会で多数派を形成する必要があります。

「以前なら、自民党の一部や、国民民主党のように考え方が近い人たちと一緒に、第三極を作って大きくしていく、というふうに思っていました。今は、自民党の中に同じ考え方を理想としている人もいるので、何かのことで自民党政権がつまずいたときに、こちらから何か仕掛けて、自民党で動揺が起きたときにそういう人たちを糾合してしまうというのが、一番の近道かなと思っています。

ただ、こちらから仕掛けていくわけではないので、『いつ実現が可能なの』と言われても、何とも言えない。われわれが考えている展開の時期が必ず来ると思うんですけど、今のところは、攻めというよりも、待ちの姿勢ですね。

とはいっても、三〇年間、経済が成長しなくて、格差が広がっていく中で、このままでいいということにはなりません。われわれの政策や路線、考え方に同意してくれる人はかなりいる。次の衆院選だけでなく、将来的にいろいろなことを考えている人もいます」

――何か具体的な動きが起こっていますか。

「例えば二一年六月一〇日に『独立財政推計機関を考える超党派議員の会』という議員連盟ができました。政府から独立して、国の財務のデータをきっちりと出すような機関を立法府の中に創設しようという議連を作りました。共同代表発起人は、私のほかに、自民党の林芳正さん（元文部科学相）や松本剛明さん（元外相）、立憲民主党の逢坂誠二さん（元立憲民主党政調会長）、国民民主党の古川元久さん（元経済財政担当相）などです。立法府の機能強化ですね。志を同じくする人たちはいますから、それが何らかの動きにつながったらいいなと思っています」

――維新が目指す「大改革プラン」のような方向性で、自民党に対抗する「もう一つの大きな新型政治勢力」の塊を作るとすれば、その戦略とシナリオは。

「国民の間に、意識の高い人は少なくありません。われわれは『新自由主義』と非難はされますけど、昔、二〇一〇年の参院選でみんなの党が比例代表で七九〇万票余を獲得し、維新も一二年衆院選で比例代表の総得票が約一二二六万票に達しました。今でもあれくらいの支持を得るのは不可能ではないと思っています」

大阪での改革をほかに移植するのは難しい

――といっても、維新は前回の一七年衆院選で、比例代表の票は約三三九万票でした。

「あれは僕ら、二回の失敗があったからですよ。一回目は一二年十一月に石原慎太郎さん（元東京都知事）らと一緒になった。その影響で、東京ではいまだに維新を極右団体のようにとらえている人がいます。二回目は、今度は逆に振れて江田憲司さん（現立憲民主党代表代行）のグループと一つになって維新の党を作り、結局はうまく行かず、一五年十一月に分党しておおさか維新の会を結党しました。二回、しくじって、みんな学習して、これからどうやって進むか、宿題として持っているわけです」

――**大きくとらえると、中央政治でほかの勢力と組んで一つの極を目指す橋下流と、維新そのものの勢力拡大を第一に考える松井流という戦略の相違点があるのでは。**

「維新そのもののパワーを大きくしていくのは、正攻法なんですが、僕らはローカルパーティーからスタートした。大阪での改革を、大阪以外に移植するのはものすごく難しい。ほかの地域で『改革を』と言っても、なかなか動きません。とりわけ維新が弱い東北地方などは、旧一九五五年体制っていうのか、『自民党と対抗野党』という図式があり、入り込んでいく余地があんまりない。やはり都市部からでしょうね」

――**混迷が続く今の時代、国民にとって、政治が果たさなければならない最大の役割は何だと思いますか。**

「政治の役割は、何といっても国民の生命と財産を守ることにあると思います。その観点に立つと、穴の空いているところは埋め、現実に即して政策を立案していく。国家と国民の利益を求めて現実的な政策を打ち立てていくという政治スタンスのプラグマチック集団が今までなかったので、新しい現実に即して法律を作り、穴を埋めて、国民の利益を守っていく。そういう勢力を形成していきたい」

――**これからはどんな型のリーダーが求められていると思いますか。**

「既成概念にとらわれないことが重要でしょうね。既成概念にとらわれると、落とし穴にはまり、新たな展開ができない。とはいえ、ファンタジーの世界に行ってしまうと、プラグマチックな実践改革ができません。あくまで現実を見るリアリストの目と、プラグマチックな行動力を兼ね備えた人がリーダーになって、日本を引っ張っていってほしい」

新しい国の形を構想する人材を

――維新の今後を考えると、党の人材と指導者の問題が気になります。維新の人材育成機関である維新政治塾の創立者として、この課題をどうとらえていますか。

「先述したように、地域政党から出発して国政政党化するときに二回失敗したことが尾を引いている部分はあります。党の理念に『個人の自立』を掲げているのに、人間として出来上がっていないという面が確かにあります。党に集まる人材も、例えば官僚OBなどは、今までやってきたことを直ちに実現できるという面からいえば、絶対に自民党しか選びません。ですが、やっと優秀な人たちが結構、集まりかけています。吉村知事と同じ世代の人たちがある程度、成長してきていますので、そこに期待しています。

今、日本にはDXで本当に新しいビジネスモデルを作って経済を引っ張っていくような人たちもいます。そういう人たちの一部でいいから、維新に入ってもらって、日本を牽引するベンチャー型の政党という新しい維新モデルを作り出してほしい。ここから新しいビジネスモデルを生み出すという流れに持っていく。新しい国の形や経済の形を構想するアイデアを持った人材や、ベンチャー精神でそういう新しい形に持っていける指導力を備えた人たちをもっと集める。

自民党にいたら、何年か待たないことには実際に主導的なポジションに立てないけど、能力があれば、維新だったら、すぐに仕事をやってもらいます。あちこちに目配せして、いい人材をスカウトしていきたいと思います」

——現実に現在の維新を見渡して、人材面でどんな部分が欠けていると思いますか。

「選挙は、体育会系のタイプだけでも、事務系のタイプだけでもできません。ベストミックスが必要です。維新は今、確かに体育会系の人たちが多くて、理系というか、政策プランナー的な部分が少ない。そういうところを補ってもらえる人材を集めたい。

次期衆院選の候補者の中に、そういう人が何人か入っています。吉村知事の世代に属する人たちです。その人たちが、これからの維新を引っ張っていってくれると思います。その世代に一気に委譲して、その人たちに中心になってやってもらう。

僕らはサポーターっていうか、そういう人材を育てていくという後見役的な役割に徹する、という自覚はあります。どうやればいいか、松井さんも交えて、できたら橋下さんの意見も聞いて、考えていきたいと思ってます」

――今は政治の外にいる人で、維新のリーダーとして参加させたいと思う人材、公に奉仕する精神と健全な政治的野心を備えた志の高い人材に、心当たりはありますか。

「名前は出せませんけど、そういう人はいます。政治に関心を持ち、いろいろ提案してくれてる人たちがいます。行き来がありますので、一緒に政治を、と声掛けしてるんですけど、やはり維新がある程度の大きさの勢力になって、維新が提案したら政権党も言うことを聞くというようなポジションを確保しないと、そういう人たちは二の足を踏むというか、自分たちの夢を実現するなら自民党に入ったほうが手っ取り早いという思いを持ちます。そういう人が多いですから」

――維新創設の三本柱のうち、橋下氏は政界から退場、松井氏も二三年四月の大阪市長任期満了で「市長辞任・政界引退」を明言しています。三本柱の一人としてどんな役割を。

「僕の役割は、松井さんを引っ張り戻すことです。みんなに頼まれてますから。『議員と違うて、首長は忙しいんですわ。疲れたから休みたい』って言うから、『それはそのとおりで、市長が終わった後、一～二年、休むのはええけど、それ以上はアカンよ』と言ってます。そのときになったら、また首に綱を付けにいきます」

（インタビューは二〇二一年六月二十六日）

おわりに

危機と隣合わせの純化路線

維新は二〇一〇（平成二十二）年四月の大阪維新の会結成以来、日本維新の会（旧）、維新の党、おおさか維新の会、日本維新の会（新・現）と名前を変えながらも、一一年以上、政党として生き続けてきた。維新の生命力の源を探ると、結党から橋下徹の退場までの五年半は、維新の「大阪改革」と、原動力の橋下のパワーが最大のエネルギーだったのは疑いない。長らく低迷が続き、凋落が顕著だった大阪の政治・経済の構造と体質を大変革するという維新の改革路線と、その脚本家兼演出家兼主役の橋下の人気が牽引力だった。

同時に、見逃すことができない点がある。日本の政党政治における権力争奪のメカニズムと、その中での維新の存在意義だ。

一九五五年十一月、自民党と社会党による二大政党政治がスタートした。といっても、実態は自民党の政権独占と万年野党の社会党という長期一党支配の構造であった。

三八年後の九三年八月、細川護熙首相（当時は日本新党代表）を擁する非自民八党派連立内閣が誕生する。自民党は初めて野党を体験した。その後、自民党・社会党・さきがけの三党連立、自民党・自由党・公明党の三党連立、自公二党連立などを経て、二〇〇九年九月に民主党を核とする連立政権が発足する。自民党は再び野党に転落した。

民主党政権は三年三ヵ月で幕となる。一二年十二月の衆院選で、自民党が政権を奪還し、民主党は下野した。自民党大阪府連の反主流派を源流とする維新の誕生と台頭は、自民党の野党再転落と、その後の民主党の沈没という主要政党の浮沈と無関係とはいえない。

二〇〇〇〜〇九年の中央の自民党政治の矛盾とほころびと旧態依然の体質・構造に対して、大阪から異議を唱え、反旗を翻す運動を始めたのが維新政治の出発点だった。〇八〜一〇年の橋下登場と大阪維新の会結成が、民主党の凋落・低迷と軌を一にして起こったのも、偶然の一致ではない。

民主党政権崩壊となった一二年の衆院選で、民主党はその前の〇九年衆院選と比べて二五一減の五七議席に大転落した。対照的に、維新は国政選挙初挑戦で一気にほぼ同数の五四議席を獲得した。政権交代可能な政党政治の継続を願う民意のかなりの部分が、自公連合の対抗勢力だったはずの民主党に幻滅と失望を抱くと同時に、民主党とは理念も路線も政策も異なる維新に、対抗勢力の新候補として期待を寄せた面があったのではないか。

民主党は野党転落後も再浮上のきっかけをつかむことができず、迷走が続いた。衆院選の獲得議席は、次の一四年十二月が七三、希望の党と立憲民主党に分かれて戦った一七年十月は希望五〇、立民五五で、合計一〇五だった。過半数には遠く及ばず、安倍晋三内閣が史上最長在任記録を打ち立てる展開となった。

とはいいながら、一二年の衆院選の結果を見て、「民主党に代わる自公連合軍の新しい対抗勢力は維新」と即断する人はほとんどいなかった。自公、民主党と並立する第三極の勢力の誕生か、という見立てはゼロではなかったが、国政での橋下流の第三極作り戦略は成功しなかった。渡辺喜美のみんなの党、石原慎太郎の太陽の党、江田憲司の結いの党との合従連衡作戦は最終的にはすべて失敗に終わった。

離合集散の末、維新は一五年後半以降、「大阪組による再出発」で純化路線に転じた。第三極には手が届かず、小勢力のままで純化路線を堅持する。半面、代表の松井一郎が「野党第一党に」と大言壮語で党内を鼓舞しなければならないという危機的状況と隣合わせである。

新型野党の核を担えるか

戦後初めて襲った疫病の大流行という国家的危機は、それ以前は多くの国民が見過ごしていた「日本の裸の姿」をあぶり出す役割を果たした。コロナ危機に遭遇した結果、図らずも、見えなかった日本の政治と経済の限界や弊害が明らかになった。

政治では、緊急事態での移動や行動の自由が論点となる。政治や行政による基本的人権の制限の問題が浮上し、「試練の民主主義体制」という大きな課題に直面した。併せて、行政のデジタル化は発展途上国並みという現実も露呈した。

経済では、コロナ・ワクチンの開発の遅れやワクチン生産拠点の欠如だけでなく、次代をにらんだ再生可能エネルギーや電気自動車などの分野での出遅れ、日本製半導体の世界シェアの凋落など、先端技術と国際競争力の不振といった実情が顕在化した。先進国脱落かといわれるほどの「衰退日本」という姿を浮かび上がらせた。

その困難の克服は、自民党や立憲民主党など、既存の政治勢力に託すことができないと多くの国民が判断したとき、維新が代わって「衰退日本」阻止の役割を担い、政治と経済の変革の先頭に立つことができるかどうか。

与野党を問わず、政党が目標に挑戦して使命を果たすには、国民の信頼感と期待感を背負い、民意と連携することが第一の条件である。政治の現状は「一強多弱」だが、「試練の民主主義」と「衰退日本」に無力・無策で改革力不足の長期自公政権に愛想尽かしする国民も多い。「政権交代可能な政党政治」に期待する声は今も小さくないが、「一強多弱」による「機能しない政党政治」を一新するには、国民の信頼感と期待感がほぼゼロという「危機的野党」の現状を克服する「もう一つの大きな野党勢力」の創出がかぎとなる。

とはいえ、既存の職場型・組織型の野党の離合集散は何のエネルギーも生まない。野党再生には、喪失した信頼感と期待感の再醸成が必須条件である。それには非職場型・非組織型の新型野党を作り出す必要がある。維新がその核を担い、「多弱」状況を打破する牽引力となりうるかどうかが問われる。

最大の壁は人材

維新に限らず、政党の将来を左右する三大要件は「旗・人・矢」である。「旗」は党の理念・路線・政策、「人」は人材、特に新しい指導者の適材の確保、「矢」は政党としての攻撃力と政策提示力だ。

維新の場合、「旗」では、何といってもポスト都構想の路線と政策目標が問題となる。「政治家をやるモチベーションは怒りで、大阪の改革に取り組んできたのも怒りから」と松井は漏らした。橋下登場以前の大阪経済の衰退と、「毎年一一年連続の赤字」と松井が強調する大阪府の財政赤字に対する公憤が出発点だった。

維新は大阪都構想を掲げて挑戦し、最終的に失敗に終わったが、発案者の浅田均は「統治機構改革を主張するのは、成長に必須の『大きな民間経済』の創出が狙い。大阪都構想もその一つだった」と説いている。大阪府の行政を担う吉村は「コロナ危機で東京一極集中がいかに脆弱で危険か、多くの人が認識したと思う。多極分散で強い都市を造る」と将来の目標について主張する。他方、大阪の門真市議、府議を経て現在、門真市長を務める日本維新の会所属の宮本一孝は、日本社会の一つの現実を指摘した。

「重要な点は、若い人たちが今、地方に住もうとしないことです。選択肢は東京しかない。それを変えるには、まず大阪を軸にしてもう一つの選択肢を作る。東京に代わる選択肢を全国に数多く作るために、まず大阪からというのが僕の考え方です」

地方自治の現場で奮闘する宮本は、統治機構改革についてもこんな点を強調した。

「日本の実態は、年金制度や国民皆保険、生活保護など、生活を支える社会保障を縮小させるのは実質的に不可能で、完全な福祉国家です。それで『小さな政府』を目指すなら、役割分担は『小さな政府』と同時に『大きな地方自治』だと思う。自治体の任務は、『強い広域の行政』と『優しい基礎自治体』というイメージです」

以上のような実態認識と危機意識に基づいて、松井は序章で述べたように、ポスト都構想の基本方針として「日本大改革プラン」を提起した。言い放しの大放言で終わらせないために、説得力のある制度設計、達成の工程表、政治戦略などの現実的な青写真が不可欠だが、それらの点は今後の宿題である。

維新の一一年余の歩みは、一進一退の連続ながら、実現を目指す「東京以外の大都市による独自の改革プランと成長戦略」への挑戦プランが、多極分散の競争促進社会の呼び水となり、日本再生の原動力になりうることを示した。地域発の分権型の発展シナリオを核とする「大阪モデル」は日本をどう変えるのか、実験はまだ緒についたばかりである。

もう一つの「矢」については、幹事長の馬場伸幸は「与党と野党の間の『ゆ党』と言われたりするけど、国民本位のスタンスは変えない。政権に対しても是々非々路線です。それは評価されていると思う」と述べる。与野党間の駆け引きや取引ではなく、党独自の理念、哲学、政策に基づく是々非々路線かどうか、いつも厳しくチェックする国民の目を忘れないことが「国民本位のスタンス」の要諦だろう。

維新の今後を考える場合、最大のテーマは「人」である。結党後、約五年半の最大のスターだった橋下は、政界退場から六年弱が過ぎた今も、復帰の気配はない。現代表の松井は一年半後の二三年四月の市長任期満了での引退を予告し、その方針を変えていない。

維新は「もう一つの大きな新型野党」の核となる新しい指導者を擁することができるのか。盛衰の末、今なお躍進の手がかりが見つからず、危機的状況と背中合わせの維新が飛躍のステップ台を探り当てるとすれば、活路は「人」の壁の打破にある。

あとがき

　維新の関係者を初めて取材したのは、二〇一二（平成二十四）年八月十日であった。大阪市の大阪府庁舎内の府議会議長室に、議長で大阪維新の会の政調会長だった浅田均さん（現参議院議員）を訪ね、一時間余、インタビューした。

　後から振り返ると、野田佳彦首相による一二年十二月の衆院選の四カ月前で、一〇年四月に地域政党としてスタートした大阪維新の会が次期衆院選をにらんで国政進出を決め、準備活動を本格化させていた時期である。野田内閣末期で、インタビューでは、ポスト民主党政権の情勢について、当時の民主党と自民党の二大政党政治の後に、第三極が台頭する可能性は、という点を中心に話を聞いた。

　そのとき、「僕らの認識では、大阪は日本の先行指標。今の大阪を見れば、将来の日本が分かるという感じを持っている。既存の政党が絶対にできないことに手をつけていく」という言葉を耳にした（『プレジデント』一二年九月十七日号掲載・拙稿「政権交代から3年、民主党の大罪」参照)。それまで約三五年、中央政治の観察を続けてきたが、「大阪は日本の先行指標」の一言は強く記憶に残った。

そこから私の維新政治のウォッチが始まった。現在まで、九年間の取材・調査を基に、維新に関係するレポートやインタビュー記事を数多く書いてきた。カウントすると、大小合わせて四〇本以上になる。

【雑誌記事】

『サンデー毎日』二〇一五年二月八日号・「橋下維新の『正体』――大阪都構想『5月住民投票』の舞台裏」

『サンデー毎日』二〇一六年六月十九日号・「憲法改正で安倍首相とおおさか維新〝これだけの壁〟」

月刊『ニューリーダー』二〇一九年九月号〜二〇二一年九月号・「連載　大阪は燃えているか――『商都政治の興亡と攻防』」(全二五回)

『週刊東洋経済』二〇一九年十一月三十日号・「ひと烈風録・第64回　浅田均　政策にはめっぽう強い『維新の頭脳』の実像」

『週刊東洋経済』「フォーカス政治・維新関連記事」→二〇一五年五月三十日号、一七年一月十四日号、一九年四月二十日号、一九年十月二十六日号、二〇年十一月二十八日号

【オンライン・インタビュー記事】〈（　）は公開日〉
『プレジデントオンライン』「塩田潮のキーマンに聞く」&「塩田潮の『トップリーダー』に聞く」シリーズ→「浅田均」（二〇一四年六月二十三日）、「片山虎之助」（一五年七月九日）、「馬場伸幸」（一六年二月五日）、「渡辺喜美」（一六年六月十六日）、「松井一郎」（一七年四月三日）、「馬場伸幸」（一八年一月二十四日）
月刊『ニューリーダー』「インタビュー」シリーズ→「吉村洋文」（二〇二一年三月号）、「松井一郎」（二一年八月号）
『東洋経済オンライン』「インタビュー」→「浅田均」（二〇一六年三月二十九日）、「吉村洋文」（二〇年七月二十二日・二十三日）

その私の足跡を見て、二〇〇七年十二月刊の旧著『民主党の研究』の編集を担当していただいた平凡社新書編集長の金澤智之さんが、「維新の本を」と声をかけてくださった。金澤さんとは〇六年十二月刊の『安倍晋三の力量』の出版以来、現在まで約一五年のお

つきあいである。今回、最初に企画の打ち合わせを行ったのは一年前の二〇年九月一日だった。二回目の大阪都構想の住民投票の二カ月前で、世論調査などを参考にして「可決・成立の可能性大」という見通しを前提に、住民投票後の二〇年十二月〜二一年一月ごろの刊行という計画だったが、「否決・廃案」で練り直しとなった。

本書の記事は、上記の四〇本超の発表・公開済みの拙稿が基になっている。

中でも『ニューリーダー』掲載の「連載　大阪は燃えているか――『商都政治の興亡と攻防』」に負うところが大きい。最終の「番外編」も含む計二五回の長期連載のうち、第一回〜第三回と第一三回〜第二四回、番外編の記事が本書の中核となっている。

本書の制作に当たり、それ以外の雑誌やオンラインでの執筆原稿を加え、全体の構成を見直した上で、大幅に加筆・修正・変更を施した。「第8章　インタビュー」は、本書刊行のために行った四氏のインタビューをベースに、上記の「オンライン・インタビュー記事」も一部、取り入れて再編し、収録した。

執筆に際して、先述の浅田さん、日本維新の会の松井一郎代表（大阪市長）、片山虎之助共同代表、馬場伸幸幹事長、吉村洋文副代表（大阪府知事）、渡辺喜美元みんなの党代表、さらに官房長官時代の菅義偉現首相など、多くの関係者の方々に取材でご協力を賜った。

ご多忙の中、お時間を割いて質問にお答えいただき、貴重な証言を頂戴した。本書刊行は皆様方のご支援とご助力のお陰である。改めて深く感謝の意を表します。

記事の基になる雑誌、オンライン掲載の拙稿で編集を担当していただいた『ニューリーダー』の清水恵彦さん、『サンデー毎日』の城倉由光さん、『週刊東洋経済』の長谷川隆さん、西澤佑介さん、中村稔さん、『プレジデントオンライン』の中田英明さん、『東洋経済オンライン』の武政秀明さんには、企画・取材・校正などの各段階で、多くの有益なヒントを頂戴するとともに、編集作業で多大なご尽力を賜った。お世話になりました。

本作りは今回も前述の金澤さんとのコンビである。平凡社新書は八作目だが（過去の七冊は『安倍晋三の力量』『昭和30年代』『民主党の研究』『新版 民主党の研究』『まるわかり政治語事典』『権力の握り方』『内閣総理大臣の沖縄問題』）、すべて編集を担当していただいた。いつもながら行き届いたサポートを、ありがとうございます。

なお、漢字の表記は一部の氏名を除いて新字に統一し、お名前は、勝手ながら敬称を略させていただきました。

二〇二一年九月

塩田潮

主な参考資料（五十音順）

朝日新聞大阪社会部『ルポ　橋下徹』朝日新書、二〇一五年

上山信一『大阪維新――橋下改革が日本を変える』角川SSC新書、二〇一〇年

上山信一「続・自治体改革の突破口　第124～125回地域政党『大阪維新の会』とは何か」ウェブ記事、『日経XTECH』二〇一二年十月二日・九日

大阪維新の会著・浅田均編『図解大阪維新――チーム橋下の戦略と作戦』PHP研究所、二〇一二年

大阪自民サポーターズ「知られざる太田府政の財政再建成果」ウェブ記事、二〇一九年七月十五日

大阪府自治制度研究会『大阪にふさわしい新たな大都市制度を目指して――大阪再編に向けた論点整理』大阪府自治制度研究会、二〇一一年

太田房江『ノックとおるのはざまで』ワニブックス、二〇一九年

柏木孝「講演記録　住民自治と大都市制度――住民と政治・行政との距離感の観点から」二〇一一年七月十五日

経済産業省「2025年国際博覧会検討会報告書」二〇一七年三月作成

砂原庸介『大阪――大都市は国家を超えるか』中公新書、二〇一二年

高橋洋一『大阪維新の真相』中経出版、二〇一二年

永田尚三「なぜ維新の会は大阪で強いのか？」『改革者』二〇一九年七月号

永田尚三「ポスト大阪都構想の維新の会」『改革者』二〇二一年二月号
西脇邦雄「大阪都構想の歴史的考察——特別市制定運動とその挫折の実証的研究」『大阪経済法科大学地域総合研究所紀要』二〇一八年三月三十一日号
橋下徹『政権奪取論——強い野党の作り方』朝日新書、二〇一八年
橋下徹『大阪都構想&万博の表とウラ全部話そう』プレジデント社、二〇二〇年
橋下徹「独占120分」『プレジデント』二〇一六年四月十八日号
橋下徹「さらば我が師、堺屋太一」『文藝春秋』二〇一九年四月号
橋下徹・木村草太『憲法問答』徳間書店、二〇一八年
橋下徹・堺屋太一『体制維新——大阪都』文春新書、二〇一一年
百田尚樹・松井一郎「われらの大阪興国論①〜④」『Ｈａｎａｄａ』二〇一九年七月号〜十月号
平松邦夫『さらば！虚飾のトリックスター——「橋下劇場」の幕は下りたのか？』ビジネス社、二〇一五年
平松邦夫著・新聞うずみ火編『どうなる大阪——「都」になれない都構想』せせらぎ出版、二〇一五年
松井一郎「大阪都構想に学べ憲法改正」『Ｈａｎａｄａ』二〇二〇年十二月号
松浪ケンタ『大阪都構想2.0——副首都から国を変える』祥伝社、二〇二〇年
松室猛「歴代知事選からみた、大阪の推移——8人の知事と、その時代　二水会100回記念講演」ウェブ記事、二〇〇九年五月
横山ノック『知事の履歴書』太田出版、一九九五年
吉村洋文・松井一郎・上山信一『大阪から日本は変わる』朝日新書、二〇二〇年

「維新」をめぐる政党の変遷

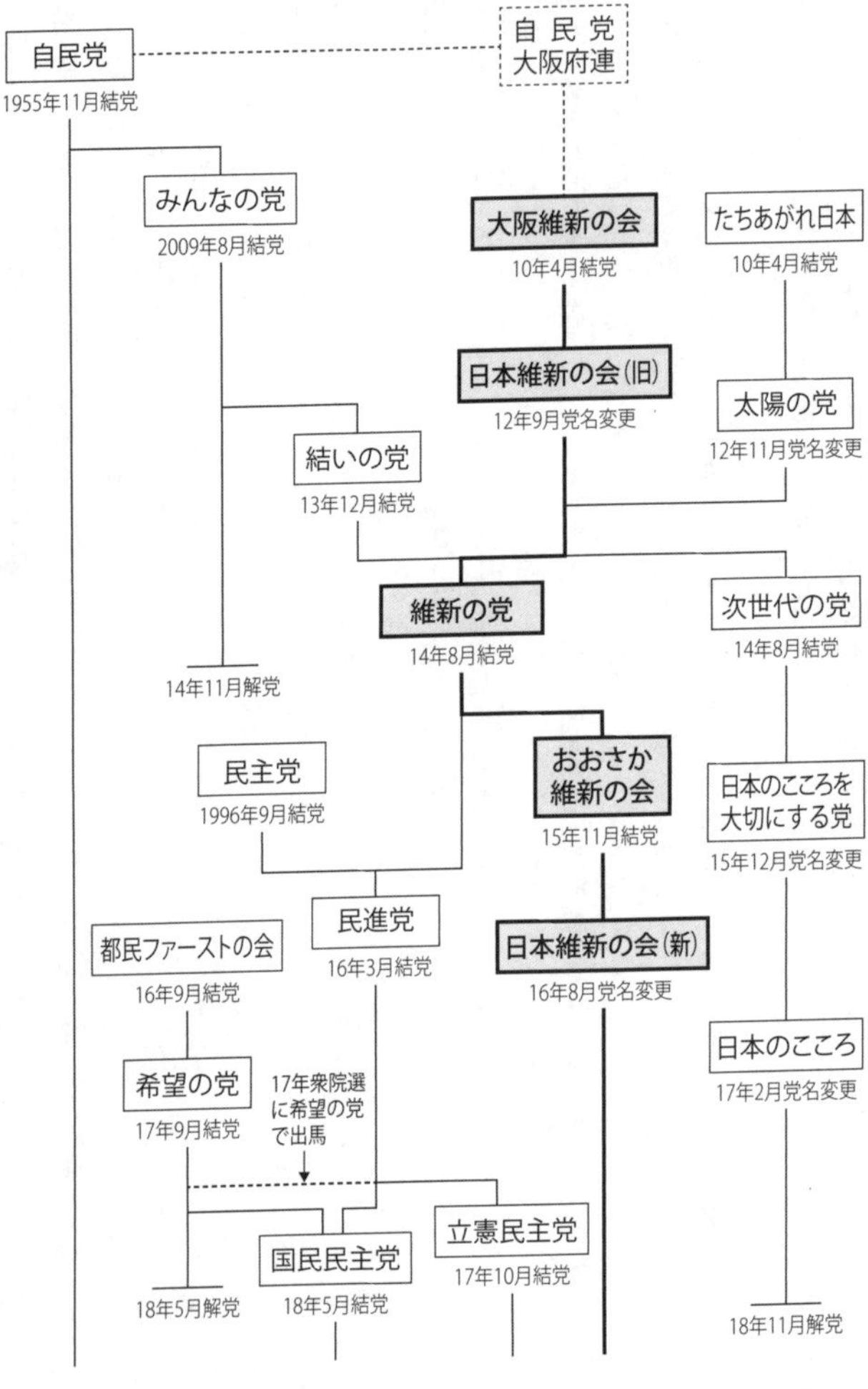

自民党
1955年11月結党
自民党大阪府連
みんなの党
2009年8月結党
大阪維新の会
10年4月結党
たちあがれ日本
10年4月結党
日本維新の会(旧)
12年9月党名変更
太陽の党
12年11月党名変更
結いの党
13年12月結党
維新の党
14年8月結党
次世代の党
14年8月結党
14年11月解党
民主党
1996年9月結党
おおさか維新の会
15年11月結党
日本のこころを大切にする党
15年12月党名変更
民進党
16年3月結党
都民ファーストの会
16年9月結党
日本維新の会(新)
16年8月党名変更
日本のこころ
17年2月党名変更
希望の党
17年9月結党
17年衆院選に希望の党で出馬
立憲民主党
17年10月結党
国民民主党
18年5月結党
18年5月解党
18年11月解党

衆参選挙の結果（2007年〜）

参院選 2007年 7月			自民党	公明党	民主党	
	当選者数（選挙後の総議席数）		37（83）	9（20）	60（109）	
	比例・得票		1654万票	777万票	2326万票	
衆院選 2009年 8月	当選者数		119	21	308	
	比例・総得票		1881万票	805万票	2984万票	
参院選 2010年 7月	当選者数（選挙後の総議席数）		51（84）	9（19）	44（106）	
	比例・得票		1407万票	764万票	1845万票	
		日本維新の会	自民党	公明党	民主党	
衆院選 2012年 12月	当選者数	54	294	31	57	
	比例・総得票	1226万票	1662万票	712万票	963万票	
参院選 2013年 7月	当選者数（選挙後の総議席数）	8（9）	65（115）	11（20）	17（59）	
	比例・得票	636万票	1846万票	757万票	713万票	
		維新の党	自民党	公明党	民主党	
衆院選 2014年 12月	当選者数	41	291	35	73	
	比例・総得票	838万票	1766万票	731万票	978万票	
		おおさか維新の会	自民党	公明党	民進党	
参院選 2016年 7月	当選者数（選挙後の総議席数）	7（12）	55（121）	14（25）	32（49）	
	比例・得票	515万票	2011万票	757万票	1175万票	
		日本維新の会	自民党	公明党	希望の党	立憲民主党
衆院選 2017年 10月	当選者数	11	284	29	50	55
	比例・総得票	339万票	1856万票	698万票	968万票	1108万票
		日本維新の会	自民党	公明党	国民民主党	立憲民主党
参院選 2019年 7月	当選者数（選挙後の総議席数）	10（16）	57（113）	14（28）	6（21）	17（32）
	比例・得票	491万票	1771万票	654万票	348万票	792万票

大阪府知事・大阪市長（1959～）

	大阪府知事	大阪市長
1959（昭和34）4月	左藤義詮（3期・12年）	中井光次（3期・12年）
1963（昭和38）4月		中馬馨（3期・8年7カ月）
1971（昭和46）4月	黒田了一（2期・8年）	
12月		大島靖（4期・16年）
1979（昭和54）4月	岸昌（3期・12年）	
1987（昭和62）12月		西尾正也（2期・8年）
1991（平成3）4月	中川和雄（1期・4年）	
1995（平成7）4月	横山ノック（2期・4年8カ月）	
12月		磯村隆文（2期・8年）
2000（平成12）2月	太田房江（2期・8年）	
2003（平成15）12月		關淳一（2期・4年）出直し選挙再選
2007（平成19）12月		平松邦夫（1期・4年）
2008（平成20）2月	橋下徹（1期・3年9カ月）	
2011（平成23）11月	松井一郎（2期・7年4カ月）	
12月		橋下徹（2期・4年）出直し選挙再選
2015（平成27）12月		吉村洋文（1期・3年3カ月）
2019（平成31）4月	吉村洋文（1期）	松井一郎（1期）

「日本維新の会」関連年表

西暦(年)	元号(年)		月・日	「日本維新の会」をめぐる動き	中央政界、大阪政治の動き
1995	平成	7	4・9		大阪府知事選で横山ノックが初当選
1999		11	4・11	浅田均が大阪府議に初当選	横山が知事に再選
			12・27		横山が知事を辞任
2000		12	1・10	自民党大阪府連が2月の府知事選で平岡龍人の推薦決定。「維新政治」の出発点に	
			2・6	大阪府知事選で平岡が敗退	大阪府知事選で太田房江が初当選
2003		15	4・13	松井一郎が大阪府議に初当選	
2004		16	2・1	大阪府知事選で浅田や松井が江本孟紀を擁立し、敗退	太田が知事に再選
2007		19	11・18		大阪市長選で平松邦夫が關淳一市長を下して当選
2008		20	1・27		大阪府知事選で橋下徹が当選
			2・6	**橋下が大阪府知事に就任**	
			7・24		橋下知事と平松市長が水道事業一元化で合意を発表
			8・5		橋下知事がワールドトレードセンタービルディングへの大阪府庁舎移

2009	平成21			転構想表明
		2・24		橋下知事が府議会に府庁移転費用を盛り込んだ補正予算案を提示
		3・24		大阪府議会が大阪府庁舎移転案を否決
		4・25	松井ら、「自民党・維新の会」を結成	
		10・30	浅田が「自民党・ローカルパーティー」を結成	
		12・25	橋下、浅田、松井が会食して新党旗揚げを議論	
2010	22	1・12	橋下が大阪都構想を提唱	
		4・1	大阪府議22人が大阪維新の会大阪府議会議員団を結成	
		4・19	**大阪維新の会結成**	
		10・10	橋下が大阪維新の会の会合で、大阪市分割の「分市案」の撤回と大阪都構想への一本化を決めたことを発表	
2011	23	4・10	維新が大阪府議選で過半数を獲得。大阪市議選、堺市議選で第一党に	
		10・31	橋下が知事を辞任	
		11・27		橋下が大阪市長選で平松市長を下して当選。松井が大阪府知事に当選
		12・27		大阪府と大阪市が共同で運営する府市

2012	平成24	2・26	安倍晋三が大阪での日本教育再生機構主催の会に招かれて松井らと初接触	統合本部が発足
		8・29		国会で大都市地域特別区設置法が可決・成立
		9・8	大阪維新の会所属議員の会が国政進出を決定。党名は日本維新の会（旧）で合意	
		9・12	維新が国政政党の理念と基本方針となる「維新八策」発表	
		9・26		安倍が自民党総裁選で勝利
		9・28	**大阪維新の会を母体に全国政党の「日本維新の会」結成**	
		10・31		東京都の石原慎太郎知事が辞任
		11・17	日本維新の会と太陽の党が合流。代表に石原、代表代行に橋下が就任	
		12・16	衆院選で国政選挙に初挑戦。54人が当選。比例代表選挙で計1226万票を獲得	
		12・26		第2次安倍内閣発足
2013	平成25	1・19	石原と橋下の共同代表制に	
		4・1		大阪市に府市大都市局誕生。大阪観光局が発足
		5・21	みんなの党が維新との協力関係の解消を発表	

			7・21	参院選で不振。比例代表選挙の得票は636万票	
			12・18		みんなの党が分裂。離党組が結いの党を結成
2014	平成	26	3・23		橋下が大阪市長を辞任して出直し市長選で再選
			5・19		大阪府と大阪市の信用保証協会の合併による大阪信用保証協会が発足
			6・22	日本維新の会が分党決定	
			7・31	日本維新の会が解党	
			8・1		石原グループが次世代の党を結成
			9・21	**日本維新の会が結いの党と合併し、維新の党が発足。**橋下と江田憲司が共同代表	
			12・14	衆院選で41人当選。比例代表選挙で計838万票を獲得	
			12・23	都構想実現に専念と唱えて橋下と松井が共同代表と幹事長を辞任	
2015		27	5・17	**大阪都構想の住民投票否決**	
			6・30		大阪府と大阪市による府市統合本部廃止
			11・2	**旧維新の会グループがおおさか維新の会を結成**	

			11・22		大阪府知事に松井が再選、大阪市長に吉村洋文が当選し、維新がダブル選を制覇
			11・25	維新の党分党	
			12・18	**橋下が任期満了で大阪市長を辞職。維新代表も辞任して政界引退**	
			12・28		副首都推進本部会議を設置
2016	平成	28	3・26	党大会で憲法改正原案発表	
			7・10	参院選で3議席増。比例代表選挙で計515万票を獲得	
			7・31		小池百合子が東京都知事選で当選
			8・23	**党名を日本維新の会（新）に変更**	
2017		29	1・23		小池が率いる地域政党・都民ファーストの会が旗揚げ
			4・1		大阪府と大阪市の公設の試験研究機関の合体による大阪産業技術研究所が発足
			6・22	離党届を提出した渡辺喜美副代表を除名	
			7・8		ドイツ・ハンブルクでのG20サミットで「19年G20の開催国は日本」と決定
			9・25		小池が国政政党の希望の党の結成を発表
			9・30	代表の松井と希望の党代表の小池都知事が	

	平成			衆院選の候補者調整で合意	
			10・22	衆院選で当選11人と低調。比例代表選挙は計339万票	
2018		30	2・21		政府は「19年G20サミットの開催地は大阪」と発表
			11・23		2025年の国際博覧会の開催地が大阪に決定
2019		31	1・23	参院選で希望の党と統一会派を結成	
			4・1		公益財団法人大阪産業局が発足
			4・7		大阪府知事・大阪市長のダブル選で吉村前大阪市長が知事に、松井前知事が市長に当選
	令和	元	6・9	堺市長選で大阪維新の会公認の永藤英機が当選	
			6・28		G20大阪サミット2019が開催（〜29日）
			7・21	参院選で10人当選。比例代表で491万票獲得。復調の兆し	
2020		2	1・8	IR事業をめぐる現金受領問題で下地幹郎国会議員団政調会長を除名	
			3・13		新型コロナウイルス対策の改正新型インフルエンザ等対策特別措置法が成立

西暦	和暦	年	月日	維新関連	一般
	令和		3・19	吉村大阪府知事がコロナ対策の往来自粛要請を決定	
			4・7		コロナ対策で初の緊急事態宣言が発令
			5・5	吉村大阪府知事が自粛解除の独自基準「大阪モデル」決定	
			8・28		安倍首相が辞意表明
			9・16		菅義偉内閣が発足
			10・25	富山県知事選で維新が支援する新田八朗が当選	
			11・1	**大阪都構想の住民投票で再否決。**松井が市長任期満了の23年4月の政界引退を予告	
2021		3	5・19	愛知県知事解職請求署名偽造事件で、愛知県警がリコール団体事務局長だった維新の愛知5区支部長を逮捕	
			7・18	自民党分裂選挙となった兵庫県知事選で維新推薦の斎藤元彦が当選	
			7・23		夏季東京五輪大会開幕

【著者】
塩田潮（しおた うしお）
1946年高知県吾川郡いの町生まれ。慶應義塾大学法学部政治学科卒業。雑誌編集者、記者などを経てノンフィクション作家に。『霞が関が震えた日』（講談社文庫）で第5回講談社ノンフィクション賞を受賞。著書に『安岡正篤　昭和の教祖』（文春文庫）、『日本国憲法をつくった男 宰相幣原喜重郎』『田中角栄失脚』『東京は燃えたか』（以上、朝日文庫）、『憲法政戦』『辞める首相 辞めない首相』『内閣総理大臣の日本経済』（以上、日本経済新聞出版社）、『密談の戦後史』（角川選書）、『まるわかり政治語事典』『権力の握り方』『内閣総理大臣の沖縄問題』（以上、平凡社新書）など多数。

平凡社新書984

解剖 日本維新の会
大阪発「新型政党」の軌跡

発行日――2021年9月15日　初版第1刷

著者――塩田潮
発行者――下中美都
発行所――株式会社平凡社
東京都千代田区神田神保町3-29　〒101-0051
電話　東京（03）3230-6580［編集］
　　　東京（03）3230-6573［営業］
振替　00180-0-29639
印刷・製本―株式会社東京印書館
装幀――菊地信義

ISBN978-4-582-85984-3
NDC分類番号315.1　新書判（17.2cm）　総ページ272
平凡社ホームページ　https://www.heibonsha.co.jp/